Christine Willers-Vellguth (Hg.)

Das große Werkbuch Advent und Weihnachten

Christine Willers-Vellguth (Hg.)

Das große Werkbuch Advent und Weihnachten

Gottesdienste, Impulse, Geschichten, Lieder

Mit Illustrationen von Bärbel Witzig

HERDER

FREIBURG · BASEL · WIEN

www.herder.de

Umschlaggestaltung: Finken & Bumiller
Titelbild: Bärbel Witzig
Satz- und CD-ROM-Gestaltung: SatzWeise, Föhren

Herstellung: fgb · freiburger graphische betriebe
www.fgb.de

Gedruckt auf umweltfreundlichem,
chlorfrei gebleichtem Papier
ISBN-13: 978-3-451-29180-7
ISBN-10: 3-451-29180-0

Inhalt

Abkürzungen

GL = Gotteslob – Katholisches Gebet- u. Gesangbuch. Herausgegeben von den Bischöfen Deutschlands u. Österreichs u. der Bistümer Bozen-Brixen, Lüttich und Luxemburg.

Tr = Troubadour für Gott. Neue Geistliche Lieder, Kolping-Bildungswerk Diözesanverband Würzburg e. V., Sedanstraße 25, 97082 Würzburg.

Vorwort

Alle Jahre wieder dominiert die Advents- und Weihnachtszeit den Spätherbst und anbrechenden Winter im kirchlichen und weltlichen Leben. Doch Weihnachten ist nicht nur »alle Jahre wieder«, sondern sollte in den Kirchengemeinden, Kindergärten, Schulen, Vereinen und Familien in jedem Jahr neu und stets ein wenig anders gefeiert werden. Mit neuen Akzenten, frischen Ideen, ungewöhnlichen Betrachtungen und dem Gespür dafür, was die Botschaft der Menschwerdung Gottes den Menschen heute noch bedeuten kann. Denn das Weihnachtsevangelium will das Leben in einem oft so hektischen, kommerzialisierten und medial inszenierten Alltag in Frage stellen und aus ungewohnter Perspektive bereichern.

Es lohnt sich, besonders große Anstrengung in die Gestaltung der Advents- und Weihnachtszeit zu investieren. Denn das Weihnachtsfest ist so tief in den Jahreszyklus des gesellschaftlichen Lebens verwurzelt, dass es eine Brücke schlägt zwischen der Kirche und vielen Menschen, die normalerweise nur wenige Berührungspunkte mit der Kirche haben. Bei vielen Frauen und Männern, die das ganze Jahr über von der Kirche nichts (oder nicht viel) wissen wollen, erwacht in der Advents- und Weihnachtszeit ein Interesse an kirchlichen Angeboten, kirchlichen Riten oder zumindest an einer festlichen Gestaltung des Weihnachtsfestes durch den Besuch eines Gottesdienstes. Die Gestaltung der Advents- und Weihnachtszeit stellt eine Chance dar, den Gesprächsfaden mit diesen Personen aufzugreifen und ihnen zu zeigen, dass auch sie in den Lebens-Angeboten der Kirche Antworten auf ihre Lebensfragen finden können.

Da Weihnachten tatsächlich alle gesellschaftlichen Kreise und Altersschichten berührt, präsentiert »Das große Werkbuch Advent und Weihnachten« praxiserprobte Modelle für verschiedene Personenkreise:

- Kinder im Vorschulalter
- Familien
- Jugendliche/Junge Erwachsene
- Frauen
- Senioren
- Gesamtgemeinde

Die Modelle zeichnen sich durch ihre große Vielfalt und methodische Weite aus, wobei ein eigener Akzent auf liturgische Angebote gesetzt worden ist. Gerade ansprechende Gottesdienste bereichern die Advents- und Weihnachtszeit, da sie auf die Sehnsucht nach spiritueller Verankerung antworten und Möglichkeiten der Besinnung und Orientierung darstellen.

Die in diesem großen Werkbuch vorgeschlagenen Praxismodelle werden die allgemeine, und vielleicht auch unvermeidliche Hektik, die regelmäßig in der Vorweihnachtszeit ausbricht, nicht verhindern können. Doch sie wollen der Rastlosigkeit entgegentreten, indem sie einige Oasen der religiösen Sinnfindung anbieten. Und denjenigen Frauen und Männern, die für andere Menschen die Advents- und Weihnachtszeit gestalten, eine praktische Hilfe bieten. Damit sie in ihrer Arbeit durch den bunten Strauß an Praxisvorschlägen entlastet werden und so selbst Zeitoasen finden, um die Advents- und Weihnachtszeit immer wieder neu als Angebot der Sinnstiftung zu erleben.

Christine Willers-Vellguth

Warten und Hoffen auf Weihnachten

Kinder im Vorschulalter

Wortgottesdienst

Grün ist die Hoffnung

Vorüberlegungen

In diesem Gottesdienst wird mit den Kindern gemeinsam ein großer Adventskranz gelegt. Die grünen Tannenzweige sind ein Zeichen der Hoffnung. Auch wenn alle anderen Blätter an den Bäumen abfallen, bleiben diese Zweige grün. Sie sagen uns: Gott ist da. Er schickt Jesus, seinen Sohn, zu uns Menschen. Während wir sein Kommen erwarten, zünden wir die Lichter am Adventskranz an, mit denen wir Freude und Hoffnung weitergeben können.

Einsatzmöglichkeiten

Der Gottesdienst sollte am ersten oder zweiten Adventssonntag gefeiert werden. Evtl. kann auch im Kindergarten eine Einführung zum Adventskranz durchgeführt werden. Dann ist es schön, wenn der gelegte Kranz während der Adventszeit liegen bleiben kann.

Materialien

- *eine große, dicke Kerze (wenn möglich, mit Zierwachs geschmückt)*
- *Streichhölzer*
- *ein rotes Tuch (oder ein großer, roter Kreis aus Kartonpapier)*
- *für jedes Kind ein kleiner Tannenzweig*
- *vier große, dicke, rote Kerzen (sollten von allein stehen können)*
- *Schmuck für den Adventskranz (Tannenzapfen, Äpfel, Päckchen usw.)*
- *für jedes Kind ein Teelicht*
- *ein großer (Weihnachts-)Stern aus Gold- oder Silberpapier*
- *kleine Sterne für jedes Kind (z. B. aus dickem, gelbem Kartonpapier oder Pappe)*
- *Wachsmalstifte*
- *Scheren*
- *Klebstoff*

Begrüßung

Liebe Kinder, liebe Eltern: Schön, dass ihr hierher gekommen seid! Zu Fuß, mit dem Fahrrad oder mit dem Auto seid ihr gekommen. Dass wir alle hier sein können, ist prima. Darüber können wir uns freuen. Gott möchte, dass wir uns freuen; er möchte, dass es uns gut geht.
Hier im Gemeindezentrum unserer Kirche können wir heute gemeinsam einen Gottesdienst feiern.

Kerze anzünden

Zu unserem Gottesdienst gehört die Kerze. Sie erinnert uns daran, dass Gott immer bei uns ist.

Kerze anzünden oder anzünden lassen.

Kreuzzeichen

Die Erwachsenen beginnen den Gottesdienst mit dem Kreuzzeichen. Dabei denken sie an Gottvater, an Jesus und an den Heiligen Geist. Das können wir auch gemeinsam tun.

L. beschreibt die Bewegung (z. B.: »Ich nehme meine Hand und lege sie zuerst an die Stirn, dann an die Brust und dann an die beiden Schultern.«). Die Eltern können Arme und Hände ihrer Kinder nehmen und die Bewegungen lenken.

Einleitung

Jetzt ist eine ganz besondere Zeit. Zu Hause ist es geschmückt. Viele grüne Zweige sind im Haus. Obwohl die meisten Bäume kahl sind, sind doch die Tannen sogar jetzt im Winter grün. Sie zeigen uns, dass auch die anderen Bäume im nächsten Jahr wieder grün werden. Ich freue mich schon darauf. Ich warte schon darauf. Aber nicht nur darauf. Es ist Advent – eine schöne Zeit zum Warten und Erwarten. Wir erwarten Weihnachten.

Lied

Wir sagen euch an den lieben Advent (GL 115, Tr 480)

Katechese, Teil A

In der Mitte des Raumes liegt ein rotes Tuch. Die Tannenzweige, Sterne, Teelichter und die vier dicken Kerzen sind in Reichweite von L.

L.: Heute liegt in unserer Mitte ein rotes Tuch. Was könnte unser rotes Tuch darstellen?

Kinder: Ball, Sonne, Feuer, …

L.: Ja, das alles könnte unser Tuch bedeuten. Heute soll unser Tuch mal ein Tisch sein. Auf dem Tisch ist noch nichts drauf. Was habt ihr denn zu Hause auf dem Tisch?

Kinder: Geschirr, Spielzeug, Adventskranz, …

L.: Einen Adventskranz habt ihr auf den Tisch? Habt ihr zur Zeit noch etwas in eurer Wohnung, das gewöhnlich nicht da ist?

Kinder: Gestecke, viele Kerzen, Adventsschmuck, …

L.: Das habt ihr alles zu Hause? ***(Falls kein Kind etwas sagt, erzählt L. von unterschiedlichem Adventsschmuck.)***
Bei uns hier im Raum steht noch nicht viel. Auf unserem roten Tuch (also unserem Tisch) können wir heute zusammen einen Adventskranz basteln. Der wird viel größer als euer Kranz zu Hause; er muss ja auch für uns alle reichen.

Die größeren Kinder (und die kleinen mit Hilfe ihrer Eltern) legen jetzt aus den Tannenzweigen einen großen, runden Adventskranz. Der Durchmesser sollte ca. 1 Meter betragen.

L.: So ein großer Kranz! Ein bisschen kahl ist er noch. Was fehlt denn? Womit könnten wir ihn noch schmücken?

Kinder: Kerzen, Kerzenständer, kleine Tannenzapfen, kleine Äpfel, bunte Päckchen, Hagebutten, …
Falls die genannten Dinge vorhanden sind, den Kranz damit schmücken lassen; ansonsten gleich mit den Kerzen fortfahren.

L.: Schaut mal: Große Kerzen haben wir dabei. Die stellen wir jetzt in den Kranz hinein.

Die vier großen Kerzen in den inneren Kreis des Kranzes auf das rote Tuch stellen (über die Zweige hinweg wird kaum ein Kind mit den Kerzen spielen wollen); je nach Adventssonntag eine bis vier anzünden oder anzünden lassen.

L.: Eure Adventskalender haben für jeden Tag ein Türchen. Jeden Tag kommt Weihnachten näher. Euer Adventskranz zu Hause ist zu klein, als dass man jeden Tag eine neue Kerze anzünden könnte. So gibt es nur jeden Sonntag eine neue Kerze – vier Kerzen bis Weihnachten. Ein ***(zwei, drei)*** Sonntag***(e)*** ist ***(sind)*** schon vorbei, also zünden wir jetzt eine ***(zwei, drei)*** Kerze***(n)*** an. Unser Kranz ist so groß, dass wir für jeden Tag des Advents eine Kerze dazustellen können.

Jedes Kind bekommt ein Teelicht und stellt es allein oder mithilfe der Eltern um den großen Adventskranz herum. Aus Sicherheitsgründen werden diese Lichter – zumindest hier – nicht angezündet.

L.: Wenn wir die Kerzen anzünden, dann wird es immer heller. Und wenn alle Kerzen angezündet sind, dann ist das Weihnachtslicht da. Das erwarten wir mit unseren grünen Zweigen. Das Weihnachtslicht ist Jesus. Für Jesus wollen wir jetzt einen Stern in die Mitte legen. Denn ein Stern hat den Menschen gezeigt, wo Jesus geboren ist.
Und ein solches Licht können wir später nach Hause tragen.

Lied

Tragt in die Welt nun ein Licht

2. Tragt zu den Alten ein Licht …
3. Tragt zu den Kranken ein Licht …
4. Tragt zu den Kindern ein Licht …

Text und Musik: Wolfgang Longardt

Katechese, Teil B

L.: Damit ihr das Licht nach Hause und in die Welt tragen könnt, wollen wir jetzt einen Stern mit einem Licht basteln.

Jedes Kind bekommt einen Stern, eine Kerze und ein kleines Stück Tannengrün. Der Stern kann mit den Wachsmalstiften angemalt werden. Dann eines der Teelichter vom Kranz und ein Stück Tannengrün darankleben.

L.: Den Stern mit der Kerze und dem Tannengrün dürft ihr mitnehmen. Die Kerze könnt ihr dann zu Hause mit euren Eltern anzünden.

Lied

Tragt in die Welt nun ein Licht

Gebet

Lieber Gott,
jetzt ist eine besondere Zeit. Wir warten auf Weihnachten und wir erwarten Jesus, das Weihnachtslicht. Dafür schmücken wir unser Haus mit grünen Zweigen und Kerzen. Wir wollen auf das Weihnachtslicht warten. Mache es bei uns hell und bleib immer bei uns.
Amen.

Segen

So segne uns und alle Menschen, die wir lieb haben, und die, die heute nicht dabei sein konnten, der gute Gott: der Vater, der Sohn und der Heilige Geist. Amen.

Lied

Wir tragen dein Licht

2. Wir tragen dein Licht,
wir tragen dein Licht
in die Welt hinaus,
und tragen es weiter,
und tragen es weiter,
weiter von Haus zu Haus.

3. Es leuchtet dein Licht,
es leuchtet dein Licht
in der Dunkelheit
und schenkt neuen Mut,
und schenkt neuen Mut,
Mut und Geborgenheit.

Text: Rolf Krenzer Musik: Detlev Jöcker
Aus: Das Liederbuch zum Umhängen 1

Heike Helmchen-Menke

Wortgottesdienst

Ich kann es kaum erwarten!

Vorüberlegungen

Vor großen Festen, sei es der Geburtstag, Ostern oder Weihnachten, sind Kinder kribbelig und aufgeregt. Sie freuen sich auf den besonderen Tag und bereiten ihn gebührend vor. In diesem Gottesdienst wird eine Beziehung zwischen dem eigenen Geburtstag und dem Geburtstag von Jesus geschaffen. Dabei wird vor allem die Vorfreude auf das Fest thematisiert. Die innere Vorbereitung wird an dieser Stelle nicht berücksichtigt, da sie noch nicht dem Alter der Kinder entspricht.

Einsatzmöglichkeiten

Der Gottesdienst kann an einem der Adventssonntage gefeiert werden.

Materialien

- *Geschenk*
- *Geburtstagskuchen*
- *Geburtstagskerze*
- *Adventskranz*
- *kleiner Tisch*
- *Tischdecke*

Lied

Wir sagen euch an den lieben Advent (GL 115, Tr 480)

Gebet

Guter Gott, in zwei *(drei, vier)* Wochen ist Weihnachten. Ich bin schon so aufgeregt und kann es kaum noch abwarten! Zu Hause sind wir dabei, alles schön vorzubereiten:
Wir haben schon Plätzchen gebacken und Sterne ausgeschnitten. Ich freue mich, dass wir bald das große Fest feiern können. Amen.

Gespräch

In der Mitte steht ein kleiner Tisch mit einer Tischdecke. Auf den Tisch werden das Geschenk, die Geburtstagskerze und der Geburtstagskuchen gelegt.
L. fragt die Kinder, woran sie denken, wenn sie diese Dinge sehen. Kinder erzählen von (ihrem) Geburtstag.

Geschichte

Julia war ganz aufgeregt. In zwei Tagen hatte sie Geburtstag. Endlich wurde sie sechs Jahre alt. Lena, ihre Freundin, war schon im September sechs geworden – jetzt würden sie endlich wieder »gleich« alt sein. Und mit sechs Jahren war man fast auch schon ein Schulkind!
Julia lächelte, wenn sie an ihren großen Tag dachte. Morgens kamen immer Mama, Papa und Tom, ihr Bruder, an ihr Bett und sangen ihr ein Geburtstagslied. Dann durfte sie ihre Geschenke auspacken. Für den Kindergarten hatte sie sich einen Schokoladenkuchen mit bunten Smarties gewünscht. Morgen würde sie ihn zusammen mit Mama backen.
Nachmittags kam dann das Beste: Mama hatte erzählt, dass sich Überraschungsbesuch angemeldet hätte. Julia hatte aber nicht herausbekommen können, wer es denn sein könnte. Ob vielleicht Lena kommen würde? Denn den Kindergeburtstag feierten sie erst am Wochenende, wenn Papa auch zu Hause war. Sie hatte ihre Einladungen selbst gebastelt und durfte sechs Kinder einladen.
Vielleicht war es aber auch die Oma aus Berlin. Sie hatten sich schon so lange nicht mehr gesehen, weil sie so weit auseinander wohnten. Oder wer könnte es noch sein?
Als Julia abends im Bett lag, war sie so aufgeregt, dass sie es kaum noch abwarten konnte. Noch zweimal schlafen, dann war es soweit.

Lied

Wir feiern heut ein Fest (Tr 1047)

Katechese

L. erzählt zusammen mit den Kindern die Geschichte kurz nach.

L.: Ja, die Julia war ganz aufgeregt, weil sie in zwei Tagen Geburtstag hatte. Wer kann sich denn vorstellen, warum ich euch heute diese Geschichte erzählt habe? – Feiern wir denn auch bald Geburtstag?

Kinder: Geburtstag von Jesus.
L. stellt den Adventskranz in die Mitte.

L.: Weihnachten feiern wir den Geburtstag von Jesus. Wie lange dauert es denn noch bis Weihnachten?

Kinder nennen die Anzahl der entsprechenden Tage oder Wochen.

L.: Jede Woche vor Weihnachten zünden wir am Sonntag eine Kerze an. Warum machen wir das?

Kinder: Das gehört zur Adventszeit dazu. Die Kerzen zeigen, wann wir Weihnachten feiern.

L.: Die Adventszeit, das ist die Zeit vor Weihnachten. Die Zeit, in der wir uns auf Weihnachten vorbereiten. Wie bereiten wir uns denn auf Weihnachten vor? Was macht ihr zu Hause oder im Kindergarten?

Kinder: Plätzchen backen, Geschenke basteln, Weihnachtsschmuck basteln, …

L.: Ist das vielleicht ähnlich wie die Vorbereitungen zu eurem eigenen Geburtstag?

Kinder vergleichen.

L.: Viele Dinge sind ähnlich: Zu beiden Festen wird lecker gebacken, es gibt auch das ein oder andere Geschenk, der Raum wird festlich geschmückt, wir laden Gäste ein, und vor allem: Wir freuen uns auf beide Feste.

Lied

Gott ist mitten unter uns

2. Stampft und klatscht,
klatscht und stampft,
klatscht und stampft mit mir.
Gott ist mitten unter uns.
Darum sind wir hier,
Gott ist mitten unter uns,
darum sind wir hier.

3. Spielt und tanzt,
tanzt und spielt,
tanzt und spielt mit mir.
Gott ist mitten unter uns.
Darum sind wir hier,
Gott ist mitten unter uns,
darum sind wir hier.

4. Nehmt sein Wort
in euch auf.
Werdet still mit mir.
Gott ist mitten unter uns.
Darum sind wir hier,
Gott ist mitten unter uns,
darum sind wir hier.

5. Dankt und preist,
preist und dankt,
preist und dankt mit mir.
Gott ist mitten unter uns.
Darum sind wir hier,
Gott ist mitten unter uns,
darum sind wir hier.

6. Weil uns Gott,
weil uns Gott
nie alleine lässt,
wird ein jeder Gottesdienst
auch zu seinem Fest,
wird ein jeder Gottesdienst
auch zu seinem Fest.

Text: Rolf Krenzer
Musik: Detlev Jöcker
Aus: Das Liederbuch zum Umhängen 1

Biblischer Text

L.: Vor vielen, vielen tausend Jahren, da haben die Menschen auf die Geburt von Jesus gewartet. Sie wussten nicht genau, wann er geboren werden würde, aber sie freuten sich sehr auf diese Geburt. Und manche Menschen erzählten ihren Freunden und Familien davon, wie es vielleicht sein würde, wenn dieses Kind geboren wird. Sie stellten es sich wunderschön vor. Allen Menschen sollte es dann gut gehen.

»Sagt den Ängstlichen: Habt Mut, fürchtet euch nicht! Seht, hier ist euer Gott! Er selbst wird kommen und euch erretten. Dann werden die Augen der Blinden geöffnet, auch die Ohren der Menschen, die nicht hören konnten, sind wieder offen. Derjenige, der nicht gehen konnte, springt wie ein Hirsch, und der, der nicht reden konnte, wird jauchzen.«

(Jesaja 35,4–6)

Fürbitten

Guter Gott, dir sagen wir unsere Bitten:

- Wir freuen uns auf das Weihnachtsfest. Lass uns andere Menschen mit unserer Freude anstecken.
- Die Vorfreude ist immer etwas ganz besonderes. Hilf uns, dass wir uns nicht nur auf Weihnachten freuen, sondern uns auch darauf vorbereiten.
- Viele Menschen sind an Weihnachten traurig, weil sie allein oder krank sind. Lass uns sie nicht vergessen.
- Lass uns in dem ganzen Weihnachtstrubel nicht vergessen, dass wir an Weihnachten deinen Geburtstag feiern.

In wenigen Tagen ***(Wochen)*** feiern wir das Weihnachtsfest. Begleite du uns in den letzten Tagen der Vorbereitung. Amen.

Gebet

Guter Gott, es ist schön, dass wir uns auf Weihnachten freuen können. Wir werden bestimmt ein schönes Fest an deinem Geburtstag feiern. Wir danken dir, dass du bei uns bist. Amen.

Lied

Wir tragen dein Licht (siehe S. 15)

Christine Willers-Vellguth

Wortgottesdienst

Am Nikolaustag

Vorüberlegungen

Der Nikolaustag ist für die Kinder ein besonderer Tag zu Beginn der Adventszeit. Sehnsüchtig warten sie darauf, sich am Nikolausmorgen über den Inhalt ihrer Schuhe oder Strümpfe zu freuen. Um den heiligen Nikolaus selbst ranken sich viele Legenden. In diesem Vorschlag soll eine Legende eingesetzt werden, die den Kindern bekannt ist bzw. im Laufe der Vorbereitung bekannt gemacht wird. Im Wortgottesdienst wird eine Verbindung vom Wesen des heiligen Nikolaus zu einem Hirten gezogen. Veranschaulicht wird dies im Segen mit der Hilfe eines Bischofsstabes.

Einsatzmöglichkeiten

Der Wortgottesdienst kann sowohl im Kindergarten, als auch mit der Gemeinde gefeiert werden.

Materialien

- *ein großes, violettfarbenes Tuch*
- *ein schöner, großer Bischofsstab*
- *ein oder zwei Gegenstände aus der Erarbeitung der jeweiligen Legende*
- *eine Kinderbibel, in der ein Bild zur Kindersegnung (Markus 10,13–16) abgebildet ist*

Lied

Lasst uns froh und munter sein

Begrüßung und Kreuzzeichen

L.: Ich begrüße euch zu unserem Gottesdienst. Wir wollen uns heute ***(noch einmal)*** an den heiligen Nikolaus erinnern. Wir wollen ihn feiern und Gott danken, dass er einmal gelebt hat und dass wir von ihm hören können. Wir beginnen mit dem Kreuzzeichen der Kinderkirche:

Lieber Gott, ich denk an dich,

Alle machen ein kleines Kreuzzeichen auf die Stirn,

ich sprech' von dir,

auf den Mund

ich liebe dich,

und auf das Herz.

lieber Gott, beschütze mich.

Kehrvers

Das Lied wird nur im Kehrvers gesungen. Für den Gottesdienst wurde der Originaltext zum Teil verändert.

L.: Ich habe euch ein Lied mitgebracht. In dem Lied heißt es:
»Du bist uns nah, Bischof von Myra.«

L. spricht zuerst den Text und erklärt gegebenenfalls das Wort »Myra«.

Refrain des Liedes: Lang ist die Zeit

T.: Wilhelm Wilms, M.: Klaus Gräske
Aus: Religionspädagogische Praxis, Religionspädagogische Arbeitshilfen, Jhg. 2001, Nr. IV S. 29. »Mit Jesus das Kreuz tragen« © RPA-Verlag, Landshut

Hinführung

L. legt den Bischofsstab auf das violette Tuch in der Mitte des Stuhlkreises und regt ein kurzes Gespräch darüber an.

L.: Was liegt hier in unserer Mitte?

Kinder: Ein Bischofstab, der Stab des Nikolaus.

L.: Wie schaut dieser Stab aus? Wer hat noch einen solchen Stab?

Kinder: Das ist ein Hirtenstab.

L. wiederholt den Text des Kehrverses. Anschließend spricht sie den neuen Text und singt die neue Strophe vor. Dann lädt sie die Kinder ein, den Liedruf mit dem veränderten Text zu singen.

Du bist uns nah, Bischof von Myra.
Du bist der Hirte, Bischof von Myra.

L. legt die Gegenstände aus der Legende in die Mitte auf das Tuch und regt die Kinder an, vom heiligen Nikolaus zu erzählen. Dabei deutet sie immer wieder das Verhalten des Bischofs als das Verhalten eines Hirten (»Wie ein Hirte sieht Nikolaus die Not …«). Dazu kann der Kehrvers »Du bist der Hirte, Bischof von Myra« öfter wiederholt werden.
Wenn die Kinder ihre Erzählung beendet haben, geht L. zum Bischofsstab und stellt ihn auf.

L.: Das ist der Stab des Hirten. Wir haben gehört: Nikolaus war immer wie ein guter Hirte zu den Menschen. Schaut einmal den Stab genau an. Wie sieht er aus?

Kinder: Er ist groß, schön …

L.: Der Stab zeigt uns die Stärke des Hirten. Der Bischof Nikolaus ist ein starker Hirte. Keiner braucht sich fürchten, denn Nikolaus schaut auf ihn.

Gebet

Guter Gott, du schenkst uns den Bischof von Myra. Die Menschen spüren, er ist ihnen nah. Sie wissen: Der Bischof Nikolaus ist wie ein guter Hirte. Auch wir dürfen sagen: Du bist ein Hirte, Bischof von Myra. Amen.

Hinführung zur Lesung

L. nimmt die Bibel und öffnet sie auf der Seite mit dem Bild der Kindersegnung.

L.: In unserer Bibel ist ein Bild, das ich euch zeigen möchte.

L. zeigt allen Kindern reihum das Bild und regt sie an, es zu beschreiben.

L.: Wen seht ihr? Wer ist das? Was für einen Gesichtsausdruck haben die Kinder? Traurig oder fröhlich? Ängstlich oder freundlich?

Biblischer Text

L.: In der Bibel steht zu diesem Bild etwas. Ich lese es euch vor:

»Der Herr ist mein Hirte, nichts wird mir fehlen.«

(Psalm 23,1)

L. wiederholt den Satz. Dann fordert sie die Kinder auf, den Satz mitzusprechen.

Kehrvers

L. spricht den neuen Text des Kehrverses vor und ermuntert die Kinder, gleich mitzusingen.

Du bist der Hirte, du großer Gott.

Segen

L.: Wir wollen nun ein besonderes Gebet sprechen. In ihm wollen wir Gott bitten, dass er wie ein guter Hirte immer bei uns ist. Dazu halten wir uns alle an den Händen. Wenn jeder die Hand seines Nachbarn hat, werden wir kurz ganz still.

Herr Jesus Christus,
du bist der gute Hirte.
Du bist bei uns und beschützt uns.
Der Stab zeigt uns deine Kraft und Größe.

Wir bitten dich:
Sei immer bei uns, wenn wir Hilfe brauchen.
Beschütze uns und schenke uns einen Ort,
an dem wir uns wohl fühlen dürfen.
Amen.

Einzelsegnung

L.: Ich werde jetzt zu jedem von euch hingehen und ihm den Stab bringen. Jeder darf ihn dann selber halten. Es ist gut, wenn ihr dazu aufsteht. Dann werde ich zu jedem von euch einen Segenswunsch sagen.

Das Kind soll den Stab einen Moment alleine halten können. Dann umfasst L. die Hände des Kindes und spricht:

NN, der Herr sei dein Hirte.

Kehrvers

Du bist der Hirte, du großer Gott.

Diana Güntner

Lied

Lasst uns froh und munter sein!

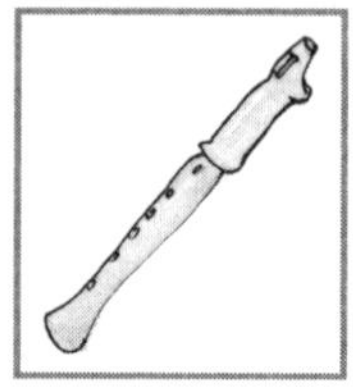

Vorüberlegungen

Das Lied »Lasst uns froh und munter sein« ist hinreichend bekannt und wird überall mit Begeisterung von den Kindern zum Nikolausfest gesungen. Hier wird zur bekannten Melodie ein alternativer Text vorgeschlagen. In der letzten Strophe kommt besonders der Aspekt zum Ausdruck, dass wir selbst wie Nikolaus sein können, wenn wir uns anderen zuwenden und ihnen helfen.

Einsatzmöglichkeiten

Das Lied kann vielfältig eingesetzt werden: im Kindergarten, Kindergottesdienst und in den ersten Schuljahren. Es kann sowohl losgelöst von anderen Aktionen gesungen werden, wie auch in einen Gottesdienst oder eine Nikolausfeier eingebettet werden. Evtl. kann auch zu jeder Strophe ein Bild gemalt werden.

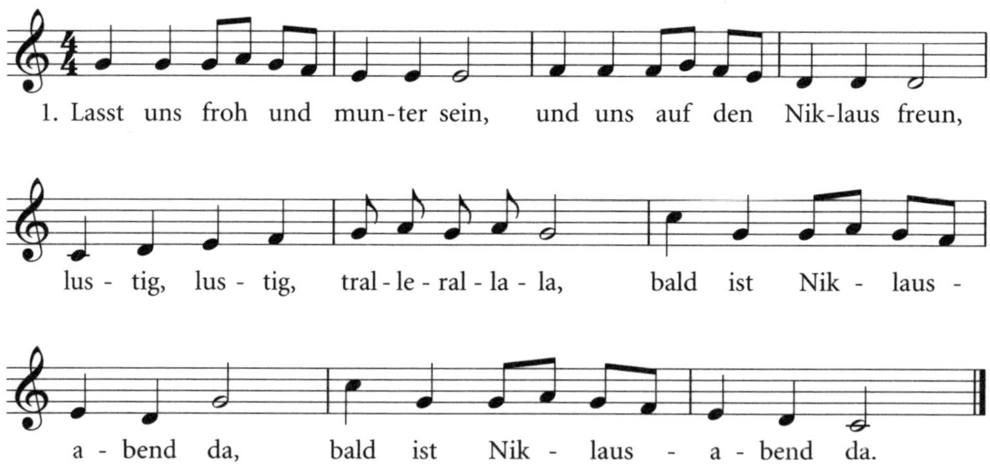

2. Niklaus lenkt den Schlitten her
mit den Säcken groß und schwer.
Schreit der Esel vor dem Haus,
stellt ihm Heu und Hafer raus.

3. Was ist drin im schweren Sack?
Niklaus trägt ihn huckepack.
Das soll ein Geheimnis sein,
und es duftet schon so fein.

4. Kommt, wir basteln fleißig heut,
dass der Niklaus sich auch freut.
Monde, Herzen, Vogel, Stern,
alles hat der Niklaus gern.

5. Denkt auch an die Nachbarin,
tragt ihr etwas Gutes hin.
Gehen wir ins Nachbarhaus
wie ein guter Nikolaus.

Barbara Cratzius

Krippenspiel

Die Tür zur Krippe uns offen heut steht

Vorüberlegungen

In diesem Krippenspiel erleben die Kinder, dass Maria und Josef an drei verschiedenen Türen abgewiesen werden, als sie eine Unterkunft in Betlehem suchen. Kurze Zeit später, nachdem das Kind geboren worden ist, werden aber alle Menschen zu diesem Kind eingeladen. Die Ambivalenz zwischen einer »geschlossenen Tür« und einer »offenen Tür« wird in diesem Stück sehr schön thematisiert.
Das bekannte Weihnachtslied »Ihr Kinderlein, kommet« umrahmt die Handlung und kann auch von den Zuschauern am Schluss mitgesungen werden.

Einsatzmöglichkeiten

Dieses kurze Krippenspiel kann schon von (älteren) Kindergartenkindern gespielt werden. Der Text in Versform ermöglicht es den Kindern, ihren (kurzen) Text schnell zu lernen.
Das Stück kann sowohl auf der Weihnachtsfeier des Kindergartens, als auch im Kindergottesdienst an Heiligabend aufgeführt werden. Manchmal spielen Kinder aber auch gerne ohne großes Publikum. Im Kindergartenalltag kann das Krippenspiel sehr schön aus der Kreismitte heraus gespielt werden.

Darsteller/-innen:

- *Maria*
- *Josef*
- *3 Wirte*
- *9 Kinder*

Materialien

- *Verkleidung für Maria und Josef*
- *Verkleidung für die Wirte*
- *Utensilien, die die Kinder zur Krippe bringen: Decke, weißes Hemdchen, Topf, Mütze, Wassereimer, Tücher, Puppe, Käse und Butter, Holz, Laterne*

Lied

Nach der Melodie »Ihr Kinderlein, kommet«.

Wir grüßen euch alle,
so öffnet das Ohr.
Wir spielen die alte
Geschichte euch vor.
Maria und Josef, sie ziehn übers Land,
so weit sind die Wege,
so steinig der Sand.

Maria und Josef,
die mussten weit gehn.
Viel' Tage und Nächte
bis Betlehem.
Sie sind schon ganz müde.
Seht ihr dort den Stern,
ein Zeichen des Schutzes,
von Gott, unserm Herrn.

Maria:
(sehr müde)
O Josef, o Josef, ich kann nicht mehr gehn,
kannst du nicht schon bald eine Herberge sehn?

Josef:
Maria, Maria, komm, fürchte dich nicht,
ich seh' in der Ferne am Haus dort ein Licht.
Josef klopft beim ersten Wirt.

1. Wirt:
Wer klopft so spät an meine Tür?

Josef:
Zwei arme Wanderer stehen hier.
Wir zogen bei Nacht und Winterwind.
Habt Mitleid – ihr seht – wir bekommen ein Kind!

1. Wirt:
Das habt ihr beide euch so gedacht,
schnell wird die Türe zugemacht.
Bis unters Dach ist voll mein Haus,
zieht ihr nur weiter in die Nacht hinaus!

Josef klopft beim zweiten Wirt.

2. Wirt:
Wer klopft so spät an meine Tür?

Josef:
Zwei arme Wanderer stehen hier.
Wir zogen über hartes Gestein,
wir bitten euch: So lasst uns ein!

2. Wirt:
Das habt ihr beide euch so gedacht,
schnell wird die Türe zugemacht.
Ihr werdet vielleicht noch Diebe sein?
Nein, nein, ich lass euch nicht herein!

Josef klopft beim dritten Wirt.

3. Wirt:
Wer klopft so spät an meine Tür?

Josef:
Zwei arme Wanderer stehen hier,
seht ihr – wir leiden bittre Not,
so helft uns, es vergelt's euch Gott!

3. Wirt:
Ich hätt' euch gerne aufgemacht,
mein Haus ist voll in dieser Nacht.
Doch meinen Stall, den geb' ich euch,
kommt mit, ich zeig' den Weg euch gleich.

Lied

Ihr Kinderlein kommet

Die Kinder treten nacheinander zur Krippe.

1. Kind:
Ich bring' eine warme Decke hier.

2. Kind:
Ich schenk' ein weißes Hemdchen dir.

3. Kind:
Einen Topf mit Suppe hab' ich dabei.

4. Kind:
Eine warme Mütze leg' ich ins Heu.

5. Kind:
Ich schlepp' den Wassereimer her
mit frischem Wasser, der ist schwer!

6. Kind:
Mit Tüchern komm' ich, weich und warm.

7. Kind:
Mein Puppenkind hab' ich im Arm.

8. Kind:
Mit Käse und Butter komm' ich gerannt.

9. Kind:
Das Holz, die Laterne hab' ich in der Hand.

Maria:
Wir danken euch allen, groß und klein,
wir Armen sind nicht mehr allein.
Mein Kind, das liegt auf Heu und Stroh,
macht alle Menschen frei und froh.

Josef:
Kommt alle heran an die Krippe – seht,
die Tür weit für euch offen steht!

Lied

Nach der Melodie »Ihr Kinderlein kommet«.

Im Stalle das Kindlein,
es ist heut geborn.
Wir Menschen auf Erden
sind nicht mehr verlorn.
Wir loben und danken
heut Gott, unsern Herrn.
Hoch über der Krippe,
da leuchtet der Stern.

Wir singen und spielen
zur Heiligen Nacht.
Wir haben uns alle
zum Stall aufgemacht.
So tretet herein,
kniet euch nieder und seht:
Die Tür zu der Krippe
heut offen uns steht!

Barbara Cratzius

Krippenspiel

Der Weihnachtsstern

Vorüberlegungen

Die Geburt Jesu bringt Licht in das Dunkel der Welt und des Alltags. Sie vertreibt die Angst und ermuntert uns zur Liebe zu uns selbst und den anderen.
Das Stück ist gerade auch kleineren Kindern in seiner Thematik leicht zu vermitteln, da die Symbolik gut verständlich ist: Der Stern erhellt das ängstigende Dunkel und bringt Wärme, insbesondere den Armen, den Hirten.

Einsatzmöglichkeiten

In dem Stück tritt ein Erzähler auf, die anderen Rollen werden pantomimisch dargestellt. Da die Kinder keine Texte lernen müssen, kann das Spiel auch schon von (älteren) Kindergartenkindern gespielt werden. Es eignet sich sowohl für eine Weihnachtsfeier in Kindergarten oder Schule wie auch für den Wortgottesdienst an Heiligabend.

Darsteller/-innen:

- *Josef*
- *Maria*
- *Verkündigungsengel*
- *weitere Engel*
- *Hirten*
- *Erzähler*

Materialien

- *Kostüme für die Darsteller/-innen*
- *Weihnachtsstern, der angestrahlt werden kann (z. B. mit einem Halogenstrahler)*
- *nach Belieben verschiedene Requisiten wie Feuer für die Hirten, Stoffschafe, Geschenke der Hirten (Wolle, Milch, Käse)*
- *Puppe als Jesuskind*
- *evtl. die Krippenspiel-Musik von Carl Orff*

Eine Weide bei Betlehem. Es ist Nacht und sehr dunkel. Die Schauspieler – außer den Hirten – können in der Anfangsszene auch Büsche, Bäume und Schafe, die von den Hirten zusammengetrieben werden, spielen. Es erklingt eine Hirtenmelodie (Flöte, Orff-Gruppe; hier kann auch die Hirtenmelodie des Hirtenspiels von Carl Orff eingespielt werden). Die Kulisse kann evtl. durch ein Landschaftsdia oder eine Overhead-Folie ersetzt werden.

Erzähler/-in:
Es ist dunkel und kalt, als die Hirten bei Betlehem ihre Schafe zusammentreiben, damit sie während der Nacht in Sicherheit sind. Eine solch dunkle Nacht aber hat es lange nicht gegeben. Es macht Angst, nachts draußen im Dunkeln zu sein. Nicht nur die Schafe fürchten sich und blöken ängstlich. Auch die Hirten drängen sich dicht um das Feuer, das ein wenig Wärme und Licht spendet.

Die Hirten drängen sich frierend um das Feuer.

Erzähler/-in:
Aber das Leben der Hirten ist immer so. Oft müssen sie mit Kälte und Dunkelheit zurechtkommen, und oft sehnen sie sich nach Wärme, Licht und Freude in ihrem Leben. Heute aber ist eine besondere Nacht. Denn ganz in der Ferne haben die Hirten einen seltsamen Stern aufgehen sehen, der unglaublich hell leuchtet.

Der Weihnachtsstern geht auf und wird immer heller. Während der Erzähler fortfährt, stehen die Hirten auf, zeigen auf den Stern, reden miteinander darüber und wundern sich (pantomimisch).

Erzähler/-in:
Die Hirten kennen den Nachthimmel ganz genau. Sie schlafen ja immer draußen im Freien bei den Schafen. Aber solch einen herrlichen Stern haben sie noch nie gesehen. Und ausgerechnet über dem alten Stall hat er sich niedergelassen. Was mag das nur zu bedeuten haben? – Da! Jetzt scheint der Stern immer heller zu leuchten. Der ganze Himmel erstrahlt.

Es wird immer heller, der Stern leuchtet, und unter dem Klang des Glockenspiels (kann dem Orffschen Krippenspiel entnommen werden) erscheint der Verkündigungsengel.

Erzähler/-in:
Und nun erscheint ein Engel den Hirten, die vor Schreck und Verwunderung auf die Knie fallen. Doch der Engel beruhigt sie: »Fürchtet euch nicht«, sagt er, »denn ich verkünde euch eine große Freude, euch und allen Menschen. Heute ist euch in

der Stadt Betlehem der Retter geboren, es ist Jesus, der Sohn Gottes. Ihr werdet ihn, in Windeln gewickelt, in einer Krippe im Stall finden. Er bringt allen Menschen den Frieden. Was ihr gesehen habt, sagt allen Menschen weiter!«

Weitere Engel kommen hinzu. Sie tanzen zum Lied einen Engelsreigen.

Lied

Engel auf den Feldern singen

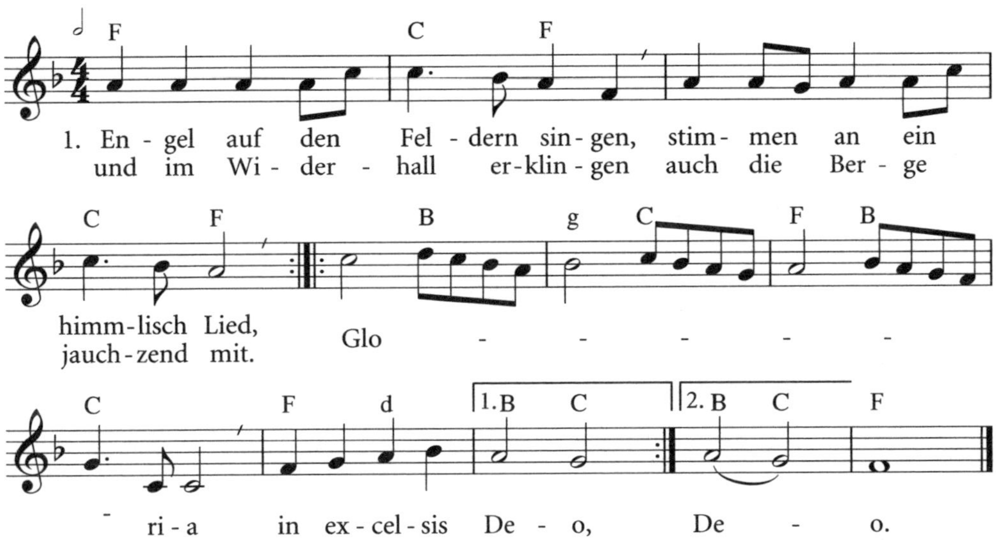

2. Christ, der Retter, stieg hernieder,
der sein Volk von Schuld befreit!
Danket ihm mit euren Liedern,
seid zu seinem Lob bereit.

3. Lasst nach Betlehem uns ziehen,
wie der Engel uns gesagt!
Lasst uns betend vor ihm knien,
der das Heil uns heut gebracht.

4. Preis sei Gott und Friede allen,
denen er die Schuld vergibt.
Heut soll unser Lob erschallen,
weil er alle Menschen liebt.

5. Heilig, Gott der Engelscharen!
Lob und Dank die Welt erfüllt!
Um den Sohn zu offenbaren,
ward das Wort im Fleisch enthüllt.

Text und Musik: aus Frankreich 18. Jhdt.

Dann verschwinden die Engel, aber die Helligkeit – etwas gedimmt – bleibt.

Erzähler/-in:
So voll Freude und glücklich waren die Hirten noch nie. Gerade ihnen, den armen, einfachen, kleinen Hirten, ist die Botschaft vom kleinen Sohn Gottes, der Licht, Freude und Frieden in unser Leben bringt, als Ersten gesagt worden. Sie können diese Freude kaum fassen und singen mitten in der Nacht ein Jubellied und tanzen dazu.

Lied

Als ich bei meinen Schafen wacht'

2. Er sagt, es soll geboren sein
   zu Betlehem ein Kindelein.

3. Er sagt, das Kind liegt dort im Stall
   und soll die Welt erlösen all.

4. Als ich das Kind im Stall gesehn,
   nicht wohl konnt ich von dannen gehn.

5. Das Kind zu mir sein Äuglein wandt,
   mein Herz gab ich in seine Hand.

Text und Musik: unbekannt

Die Hirten tanzen dazu einen lebhaften, eher rustikalen Hirtentanz.

Erzähler/-in:
Dann eilen die Hirten mit ihren Geschenken, Wolle, Milch und Käse, zum Stall, um das göttliche Kind anzuschauen und anzubeten.

Lied

Ihr Kinderlein, kommet

Zu dem Lied (alternativ dazu kann auch der Hirtenzug aus dem Krippenspiel von Carl Orff abgespielt werden) formieren sich die Hirten zu einer Prozession und eilen zum Stall, wo Josef und Maria mit der Krippe erschienen sind. Der Stern leuchtet hell über dem Stall.

Erzähler/-in:
Als sie zum Stall kommen, sehen sie den kleinen Gottessohn in der Krippe. Sie legen ihre Gaben nieder, fallen auf die Knie und beten, dankbar und glücklich, dass sie in dieser wunderbaren Nacht dabei sein dürfen.

Die Hirten gruppieren sich nach dem Ablegen der Gaben um die Krippe, und alle singen das Schlusslied.

⟶

Lied

Zu Betlehem geboren

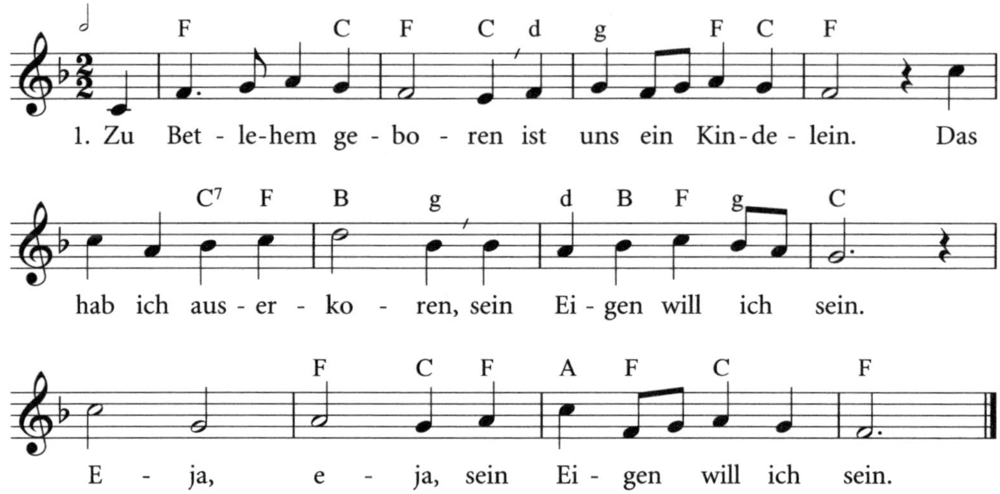

2. In seine Lieb' versenken will ich mich ganz hinab;
mein Herz will ich ihm schenken und alles was ich hab'.
Eja, eja, und alles, was ich hab.

3. O Kindelein, von Herzen dich will ich lieben sehr
in Freuden und in Schmerzen; je länger, mehr und mehr.
Eja, eja, je länger, mehr und mehr.

4. Dich wahren Gott ich finde in meinem Fleisch und Blut;
darum ich fest mich binde an dich, mein höchstes Gut.
Eja, eja, an dich, mein höchstes Gut.

Text und Musik: unbekannt

Claudia Wührl

Wortgottesdienst

Die Schätze der Drei Könige

Vorüberlegungen

Der Besuch der Sternsinger ist für jede Familie alljährlich ein großes Ereignis. Ein Anliegen dieses Gottesdienstes ist es, dieses Erlebnis und die damit verbundene Sammelaktion mit dem Evangelium zu verbinden und darin zu verankern. Dabei wird wir die Sammelaktion der Sternsinger in den Horizont der Heilsbotschaft gestellt: Mit Jesu Ankunft in der Welt werden die Hoffnungen der Menschen auf Frieden und Heil, werden unsere Träume von einer besseren Welt endlich wahr. Mit seiner Hilfe können wir die Welt verändern.

Einsatzmöglichkeiten

Der Wortgottesdienst wird in zeitlicher Anlehnung an das Fest der Erscheinung des Herrn (Heilige Drei Könige) gefeiert.
Vier Kinder (drei Könige und ein Sternträger), die während dieser Tage als Sternsinger durch den Ort ziehen, sind in ihren Kostümen anwesend. Den Kindern sollte vorher gesagt werden, dass sie ihre Sammelbüchsen der Dreikönigsinger-Aktion mitbringen und abgeben können.

Materialien

- *weißes Tuch*
- *Krippe mit Jesuskind*
- *drei einfache, etwa 70 × 140 cm große Teppiche*
- *Metallophon*
- *Handtrommel mit Schlägel*
- *Triangel*
- *Kästchen mit Kugeln, die mit Goldpapier umwickelt sind*
- *Metallschale mit Sand und Kohle*
- *Weihrauchschiffchen mit Weihrauchkörnern*
- *Salbengefäß*
- *Korb*

Begrüßung und Kreuzzeichen

L.: Ich darf euch alle zu unserem Wortgottesdienst am Fest der Heiligen Drei Könige begrüßen. Wir beginnen mit dem Kreuzzeichen der Kinderkirche:
Lieber Gott, ich denk an dich,

kleines Kreuzzeichen auf der Stirn

ich sprech von dir,

kleines Kreuzzeichen auf dem Mund

ich liebe dich,

kleines Kreuzzeichen auf der Brust

lieber Gott, beschütze mich.
Amen.

Hinführung

In der Mitte liegt das weiße Tuch. Darauf steht die Krippe mit dem Jesuskind. Die vier Sternsinger stehen im Stuhlkreis vor ihren Stühlen.

L.: Heute haben wir Besuch: Wer kennt diese vier? Wie heißen sie? Bei wem waren sie schon? Was machen sie, wenn sie euch daheim besuchen?

Kinder erzählen vom Besuch der Sternsinger.

L.: Heute besuchen sie uns in unserer Kinderkirche. Sie singen auch uns ihr Lied.

Die Sternsinger singen das Lied, mit dem sie die Familien besuchen.

L.: Heute hören und sehen wir die Geschichte der drei Sterndeuter und ihres Sterns, dem sie folgen. Diese Geschichte steht geschrieben in der Bibel.

L. schlägt Bibel an der entsprechenden Stelle auf und legt sie offen in die Mitte.

L.: In dieser Geschichte geht es um das Kind, das in Betlehem geboren wurde. Wer ist dieses Kind von Betlehem? Es ist Jesus. Er ist in Betlehem geboren. Wir haben erst Weihnachten gefeiert, das Fest seiner Geburt. Wir können uns noch gut daran erinnern. In unserer Mitte steht die Krippe mit dem Jesuskind.

Lied

Ein Kind kommt aus Betlehem

2. Wir stehn auf der Seite aller Armen der Welt, wir stehn auf der Seite aller Armen der Welt, denn das Kind, das wir feiern, kam in Armut zur Welt.
3. Wir sind auf der Suche mit den Menschen der Welt, wir sind auf der Suche mit den Menschen der Welt, und das Kind, das wir feiern, ist die Antwort, die uns hilft.
4. Die den Menschen vergessen, übersehen auch Gott, die den Menschen vergessen, übersehen auch Gott, denn das Kind, das wir feiern, heißt noch immer Menschensohn.

Text: Diethard Zils Melodie: Spiritual

Zum Refrain werden folgende Bewegungen ausgeführt:

Alle werden es hören.

die Hände seitlich an die Ohren legen

Alle werden es sehen.

die Hände seitlich an die Augen legen

Wenn wir

die Hand auf die Brust legen

leben wie das Kind von Betlehem.

auf das Kind in der Krippe zeigen.

Biblischer Text

L. nimmt die geöffnete Bibel.

»Als Jesus zur Zeit des Königs Herodes in Betlehem in Judäa geboren worden war, kamen Sterndeuter aus dem Osten nach Jerusalem. Und der Stern, den sie hatten aufgehen sehen, zog vor ihnen her bis zu dem Ort, wo das Kind war; dort blieb er stehen. Als sie den Stern sahen, wurden sie von sehr großer Freude erfüllt. Sie gingen in das Haus und sahen das Kind und Maria, seine Mutter; da fielen sie nieder und huldigten ihm. Dann holten sie ihre Schätze hervor und brachten ihm Gold, Weihrauch und Myrrhe als Gaben dar.«

(Matthäus 2,1.9b–11)

L. legt die Bibel offen an ihren Platz zurück.

Lied

Ein Kind kommt aus Betlehem

Ausdeutendes Spiel

L.: Die Geschichte der drei Sterndeuter fängt mit einem Traum an.

Die drei Teppiche im Stuhlkreis ausrollen. Die Könige setzen sich jeweils auf einen Teppich, schließen ihre Augen und legen ihren Kopf auf ihre Hände wie bei einem Kissen. Sie haben ihre Geschenke für das Kind bereits bei sich. Dazu ruhiges Ostinato auf dem Metallophon.

L. geht zum ersten König.

Der erste König sieht im Traum die vielen Kinder, die arm sind. Er sieht, dass sie keine Spielsachen, keine schönen Kleider haben, dass sie nie in den Urlaub fahren, dass sie keine Fahrräder haben und nur wenig zum Essen, kein Bett und kein Haus.
Dann sieht er in seinem Traum, wie es den Kindern besser geht, dass die Welt für sie wieder heil wird, wie ihre Eltern genug Geld haben und ihnen alles geben können, was sie brauchen.

Lied

Ein Kind kommt aus Betlehem

L. geht zum zweiten König.

Der zweite König träumt von den vielen Kindern, die traurig sind. Er träumt von den Kindern, für die Mama und Papa keine Zeit haben, die keine Freunde haben. Dann sieht er, wie diese Kinder wieder fröhlich sind, dass die Welt für sie wieder heil wird und dass sie wieder lachen können.

Lied

Ein Kind kommt aus Betlehem

L. geht zum dritten König.

Der dritte König träumt von den vielen Kindern, die krank sind. Die Kinder haben Husten und Schnupfen, sie haben eine kranke Haut und bekommen in der Nacht keine Luft mehr, alles tut ihnen weh, sie haben Fieber.
Dann träumt er, dass diese Kinder wieder gesund sind, dass die Welt für sie wieder heil wird, dass sie wieder lachen und spielen.

Lied

Ein Kind kommt aus Betlehem

Das Ostinato auf dem Metallophon verstummt.

Die Sterndeuter wachen auf.

Die Darsteller öffnen die Augen und setzen sich aufrecht hin.

Die Könige stehen auf und machen sich auf den Weg. Sie machen sich auf eine lange Suche. Sie suchen den, der ihnen ihre Träume erfüllen kann.

Die Darsteller gehen mit ihren Geschenken in der Hand ein paar Schritte am Kreis entlang, Trommelschläge symbolisieren den Weg.

Da sehen sie einen Stern.

Die Trommel verstummt, die Triangel wird angeschlagen, gleichzeitig richtet der Sternträger den Stern auf und steht vor den Königen.

Sie folgen dem Stern. Er führt sie zur Krippe nach Betlehem. Er führt sie zum Kind von Betlehem.

Mit dem Sternträger voran gehen die Könige noch ein paar Schritte im Kreis, bevor sie sich vor der Krippe mit dem Jesuskind aufstellen.

Sie bringen dem Kind ihre Geschenke:
Wertvolles Gold,

Der erste König öffnet das Kästchen, zeigt allen deutlich den Inhalt und stellt es vor die Krippe.

heilende Myrrhe

Der zweite König nimmt das Salbengefäß, zeigt es allen deutlich und stellt es vor die Krippe.

und duftenden Weihrauch.

Der dritte König entzündet die Kohle und legt einige Weihrauchkörner darauf. Alle beobachten, wie sich der Duft langsam verbreitet. Danach gehen die Darsteller wieder den Weg zu ihren Stühlen zurück und setzen sich.

Lied

Ein Kind kommt aus Betlehem

Ausdeutung

L.: Die Könige haben Jesus reich beschenkt. Wer weiß noch, was sie Jesus brachten? Was macht Jesus eurer Meinung nach wohl mit den Geschenken? Behält er das Gold für sich? Was könnte er sonst damit machen? Denken wir an die Kinder, die arm sind. Behält er die Medizin? Was könnte er damit machen? Denken wir an die Kinder, die krank sind. Behält er den Duft des Weihrauchs? Was könnte er damit machen? Denken wir an die Kinder, die traurig sind.

L. erörtert gemeinsam mit den Kindern die Fragen.

L.: Jesus behält das alles nicht für sich. Er verschenkt es an die Menschen, die es brauchen. Er will, dass die Menschen das haben, was sie brauchen, er will, dass Menschen Freude haben, und er will, dass Menschen gesund werden.

Gebet

Jesus, die drei Sterndeuter haben von einer besseren Welt geträumt. Ihre Träume und der Stern haben sie zu dir geführt. Du willst, dass ihre Träume in Erfüllung gehen. Du bist das Kind aus Betlehem, dein Name ist Heil, du schenkst den Menschen den Frieden. Auch wir träumen von einer besseren Welt. Hilf, dass unsere Geschenke zu den Kindern kommen, die sie brauchen. Amen.

Kollekte

L.: Wenn die vier Sternsinger zu den Menschen kommen, dann geben sie ihnen Geld für die Kinder in … ***(Name des Landes, für das die Spenden der Dreikönigsinger-Aktion gedacht sind).*** Viele Kinder sind dort arm, traurig und krank. Letzten Sonntag haben wir die kleinen Sammelbüchsen (der Dreikönigsinger-Aktion) ausgeteilt, in die auch ihr Geld hineintun konntet. Wer seine heute dabei hat, kann sie nun in den Korb legen, den ich hier zur Krippe stelle.

Während die Kinder ihre Sammelbüchsen in den Korb legen, mit einer Gitarre die Melodie des Liedes »Ein Kind kommt aus Betlehem« spielen.

Segen

Lied

Ein Kind kommt aus Betlehem *Diana Güntner*

Geschichte

Das kleine Licht im Stall

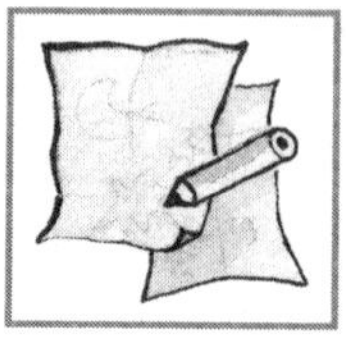

Vorüberlegungen

Ein kleiner Hirtenjunge ist traurig, weil er kein passendes Geschenk für das neugeborene Kind findet. Da macht ihn der alte Hirte auf seine Kerze aufmerksam, die er dem Kind schenken kann. Schließlich ist sie das schönste Geschenk an der Krippe. Die Geschichte zeigt sehr anschaulich, dass schon durch ein kleines Licht die Welt heller werden kann.

Einsatzmöglichkeiten

Die Geschichte kann sehr gut im Kindergarten erarbeitet werden. Dafür sollte der Gruppenraum abgedunkelt sein, sodass das Licht einer einzigen Kerze gut zur Geltung kommen kann. Im Anschluss an das Vorlesen der Geschichte können mit den Kindern eigene Kerzen verziert werden. Evtl. können mehrere Kinder das Stück auch als Rollenspiel darstellen.

Materialien

- *für jedes Kind eine Kerze*
- *Wachsplatten oder Knetwachs zum Verzieren der Kerzen*
- *Brettchen als Unterlage*
- *kleine Küchenmesser zum Schneiden des Wachses*
- *evtl. Kostüme für die Kinder, wenn die Geschichte als Rollenspiel dargestellt wird*

Immer wenn es dunkel ist und eine kleine brennende Kerze Licht und Wärme schenkt, dann muss ich an die Geschichte des kleinen Hirten denken, der auch zum Stall nach Betlehem wollte.
Alle Hirten hatten sich bereits schöne Geschenke zurechtgelegt: eine warme Decke, eine Kanne mit frischer Schafsmilch, einen Ziegenkäse; einer wollte sogar ein Schäfchen mitnehmen. Nur der kleine Hirtenjunge fand nichts Richtiges, obwohl er mit einer kleinen Kerze jede Ecke absuchte. Schließlich liefen dem Kind die Tränen über die Wangen, weil es so arm war. Da neigte sich ein großer Hirt zu ihm herunter und fragte: »Warum weinst du?«
»Weil ich nichts für das Kind in der Krippe habe!«, antwortete der Junge. Da beugte

sich der Hirte noch tiefer: »Du hast das Schönste, was du schenken kannst, schon in der Hand!«
»Wieso?«, fragte der kleine Hirte. »Soll ich dem Kind vielleicht diese kleine Kerze schenken?«
Da flüsterte der große Hirte: »Der Engel hat uns gesagt: ›Heute ist in Betlehem Jesus geboren worden. Er meint es gut mit allen Menschen.‹ Dabei leuchtete um ihn herum ein himmlisches Licht. So hell wie Tausende von Kerzen. Das war der Glanz Gottes, der den Engel geschickt hatte. Wenn du dem Kind die Kerze schenkst mit ihrem hellen Schein, dann wissen wir alle, aus welcher Herrlichkeit dieses Kind kommt: Es kommt von Gott. Und es bringt Licht in die Welt.«
Da wurde der Junge froh, legte die Hand schützend um die Flamme und ging mit den Hirten durch die Nacht. Als sie den Stall endlich erreichten, war es dort kalt und dunkel. Aber die kleine Kerze des Hirtenjungen leuchtete, so dass alle Maria, Josef und das Kind in der Krippe sehen konnten. Das kleine Licht brachte auch etwas Wärme in den Stall. Da knieten sie alle nieder vor dem Kind auf Stroh, das in die Welt gekommen war, um Licht in ihre Dunkelheit zu bringen. Sie konnten das Leuchten in den Augen Marias und Josefs sehen, als sie all die Geschenke betrachteten. Die Hirten aber sagten leise zueinander: »Das kleine Licht ist das allerschönste Geschenk, weil es uns das Jesuskind anleuchtet, das aus dem Lichte Gottes kommt!«
Seitdem zünden die Menschen an der Krippe Kerzen an, um das Kind zu beleuchten, das uns Licht und Wärme in die Welt gebracht hat.

Rolf Krenzer

Zeit für Ruhe, Zeit für Stille

Familien

Familiengottesdienst

Geschenke sind Wege zueinander

Vorüberlegungen

Zu Beginn der Adventszeit, wenn wir anfangen, uns Gedanken um die Weihnachtsgeschenke zu machen, wirft dieser Gottesdienst die Frage nach dem Sinn des Schenkens zu Weihnachten auf. In der Einführung wird den Gottesdienstteilnehmern in einem Anspiel zunächst unsere oft lieblose und von weihnachtlichem Stress belastete Geschenkeplanung vor Augen geführt. Diese Praxis kritisierend wird der Grund weihnachtlichen Schenkens erklärt: An Weihnachten erinnern wir uns an das erste und größte Weihnachtsgeschenk, das Geschenk Gottes an uns Menschen, welches Jesus Christus selbst ist. Wir sind von Gott Beschenkte und geben unserer Freude darüber Ausdruck, indem wir uns gegenseitig beschenken.

Einsatzmöglichkeiten

Der Gottesdienst kann an einem der ersten beiden Adventssonntage gefeiert werden.
Zwei Sprecher/-innen (S 1 und S 2) führen zu Beginn mit einem Dialog und zum Lesungsteil in die Thematik ein.

Materialien

- *vor dem Altar: leere Futterkrippe (in Originalgröße), adventlich verziert mit Tannengrün, Zapfen, Wurzeln*
- *an der Seite: Wohnzimmertisch mit Adventskranz, an dem die erste Kerze brennt; Stuhl, beschriebene Liste, Stift*
- *Brief, evtl. mit Brieföffner*
- *für die Schreibaktion: Stifte und Kopien der Geschenkepäckchen-Vorlage in der Anzahl der zu erwartenden, sich beteiligenden Gottesdienstbesucher (bei gut besuchten Gottesdiensten ist zu überlegen, ob die Teilnahme an der Mitmachaktion auf die Kinder beschränkt wird)*
- *Meditationsmusik*
- *Zeitgutscheine zum Verschenken für alle Gottesdienstbesucher*

Lied

Wir sagen euch an den lieben Advent (GL 115, Tr 480)

Einführung/Anspiel

S 1 sitzt am Tisch und ist damit beschäftigt, eine lange Liste zu schreiben. Im Hintergrund – für die Gottesdienstbesucher nicht sichtbar – befindet sich S 2, ausgestattet mit einem Funkmikrofon, über das im weiteren Verlauf der Einführungsszene das Herz/die innere Stimme von S 1 zu hören ist.
Sofern kein Funkmikrofon vorhanden ist, kann die Szene als Dialog von zwei »realen« Sprecher/-innen dargestellt werden. S 2 tritt dann vom Ambo aus auf.

S 1:
(legt den Stift aus der Hand und wischt sich über die Stirn)

Puh, geschafft: Die Einkaufsliste für die Weihnachtsgeschenke ist fertig! Am besten gehe ich alles noch einmal von vorn durch, damit ich auch sicher bin, dass ich nichts und niemanden vergessen habe.

(geht sichtlich genervt die Liste durch)

Also: Marion bekommt das Kofferset für den Urlaub, Mirko das Gameboyspiel und die neue CD von *(Name einer aktuellen Popgruppe)*. Für Oma besorge ich Bettschuhe wegen ihrer ewig kalten Füße und Opa freut sich bestimmt wieder auf ein Stück Schinken vom Metzger Schmidt. Damit wären dann wenigstens schon mal die nächsten Familienangehörigen versorgt.

S 2:
(versucht, S 1 behutsam zu unterbrechen)

Halt! Warte mal!

S 1:
(überhört den Einwand und geht mit gereiztem Tonfall die Liste weiter durch.)

Tante Edith darf sich mit dem neuen Hautpflegeöl verwöhnen und Onkel Rudi kann derweil die gute Flasche Cognac genießen. Für Thomas ist das Buch, für Rita das Halstuch. Den Gutschein fürs Essen verschenke ich an Monika und Edwin. Ich denke, damit können die beiden mehr als zufrieden sein.

S 2:
(versucht wieder, S 1 zu unterbrechen)

Hey, du! Hör mir doch mal zu!

S 1:
(ist so mit der Liste beschäftigt, dass auch dieser Einwand überhört wird)

Sonja bekommt irgendwas Nettes für die Wohnung – da wird sich sicher auf dem Weihnachtsmarkt was finden lassen. Ach ja, was ist denn mit Klaus? Den hätte ich doch fast vergessen. Was könnte ich dem denn schenken? Hm, schwierig, schwierig … ***(überlegt)***

S 2:
(eindringlicher)

Hallo! Ich spreche mit dir!

S 1:
(horcht auf und sieht sich um.)

Was war das denn? Wer hat denn da gesprochen?

S 2:
Ich, dein Herz, deine innere Stimme!

S 1:
(ungläubig und verwirrt)

Wie bitte?

S 2:
Ja, du hast richtig gehört. Ich bin deine innere Stimme. Du weißt ja: Ich melde mich immer dann bei dir, wenn ich das Gefühl habe, dass du dich nicht wohl fühlst bei dem, was du tust.

S 1:
Du meldest dich aber auch immer, wenn ich dich überhaupt nicht gebrauchen kann! Ausgerechnet heute! Und dann flüsterst du auch noch so!

S 2:
Ich spreche immer nur sehr leise. Wenn du mich hören willst, musst du still werden, sehr aufmerksam sein und genau in dich hineinhorchen.

S 1:
Aha! Ich will es versuchen. Was möchtest du mir denn sagen?

S 2:
Ich glaube, dass du auf dem besten Weg bist, in den Weihnachtsgeschenke-Einkaufsstress zu geraten.

S 1:
»In Stress zu geraten«, ist gut gesagt. Ich denke, dass ich schon mittendrin stecke!

S 2:
Das ist eigentlich nicht der Sinn der Sache! Ich habe den Eindruck, dass du bei deiner Sorge um die Geschenke das Wichtigste von Weihnachten aus den Augen verlierst!

S 1:
Das Wichtigste von Weihnachten? Aber sind das nicht die Geschenke?

S 2:
Nicht ganz. Hast du mal darüber nachgedacht, warum wir uns an Weihnachten überhaupt gegenseitig etwas schenken?

S 1:
Hm, tja … also, man macht das halt so.

S 2:
Ja, du hast Recht: Schenken an Weihnachten ist ein schöner Brauch. Aber es ist mehr als das: Die Geschenke erinnern uns an das erste und größte Weihnachtsgeschenk. Sie erinnern uns an das erste Weihnachtsfest, als Gott uns Menschen Jesus geschenkt hat. An Weihnachten feiern wir den Geburtstag von Jesus. Wenn wir das bedenken, kommt es bei den Geschenken, die wir uns aus diesem Anlass gegenseitig machen, nicht darauf an, dass alle mit einem Päckchen versorgt sind und etwas zum Auspacken haben, sondern dass wir überlegen, was Jesus beim Schenken das Wichtigste ist. Immerhin feiern wir an Weihnachten seinen Geburtstag!

S 1:
(nachdenklich)

Ja, stimmt. Aber dadurch wird das Schenken auch nicht einfacher!

S 2:
Einfacher wird es dadurch sicher nicht, aber es wird anders.

S 1:
Wie meinst du das?

S 2:
Vielleicht denkst du erst mal selbst darüber nach und versuchst, eine Antwort darauf zu finden.

S 1:
Okay, einverstanden. Ich bin gespannt, was dabei herauskommt.

(geht nachdenklich ab)

Kyrie

Herr, das erste und größte Weihnachtsgeschenk bist du selbst. Du bist zum allerersten Weihnachtsfest bei uns Menschen geboren worden und hast bei uns gelebt. Du hast dich selbst uns Menschen geschenkt. Aus Freude darüber, dass du zu uns gekommen bist, machen auch wir uns an Weihnachten gegenseitig Geschenke. Aber manchmal vergessen wir, mit unseren Geschenken »Ich hab dich lieb« zu sagen.

- Herr, du hast dich selbst uns Menschen geschenkt, weil du uns lieb hast. Wenn wir uns an Weihnachten Geschenke machen, folgen wir deinem Beispiel. Aber es gelingt uns nicht immer, mit Liebe zu schenken. Herr, erbarme dich.
- Herr, du hast dich selbst uns Menschen geschenkt, weil du uns Freude bringen wolltest. Wenn wir uns an Weihnachten Geschenke machen, folgen wir deinem Beispiel. Aber es gelingt uns nicht immer, den anderen eine Freude zu bereiten. Christus, erbarme dich.
- Herr, du hast dich selbst uns Menschen geschenkt, weil du weißt, welche Wünsche in unseren Herzen wohnen. Wenn wir uns an Weihnachten Geschenke machen, folgen wir deinem Beispiel. Aber es gelingt uns nicht immer, aufeinander zu achten und die Herzenswünsche zu entdecken. Herr, erbarme dich.

Lesung/Fortsetzung des Anspiels

S 1:
(betritt die Wohnzimmerkulisse mit einem Brief in der Hand.)

Ich habe einen Brief von Julia bekommen!

(zu den Gottesdienstbesuchern gewandt)

Julia ist mein Patenkind. Sie ist zehn Jahre alt und wohnt in Dortmund. Mal sehen, was sie schreibt.

(öffnet den Brief und liest ihn vor)

Liebe *(Name der Sprecherin)*,
wie geht es dir? Mir geht es gut. Ich freue mich schon auf die Adventszeit. Mama und ich haben gestern die ganze Wohnung geschmückt. An jedem Fenster haben wir Sterne aufgehängt. Im Wohnzimmer haben wir eine Vase mit Tannenzweigen aufgestellt und viele kleine Holzfiguren drangehängt. Das sieht so schön aus. Mama hat mir gezeigt, wie man aus buntem Papier Kerzenständer falten kann. Ganz viele haben wir davon gemacht. Wir haben sie auf den Fensterbänken verteilt und Teelichter hineingestellt. Als es dunkel geworden ist, haben wir alle Kerzen angezündet. Das war richtig gemütlich!
Am Donnerstag haben wir in der Schule über Weihnachten gesprochen. Frau Bendorf, unsere Lehrerin, hat uns erzählt, dass wir an Weihnachten den Geburtstag von Jesus feiern. Weil wir uns so darüber freuen, dass Jesus zu uns Menschen auf die Welt gekommen ist, schenken wir uns an Weihnachten etwas. Mein Freund Murat fand das sehr merkwürdig. Murat kommt aus der Türkei und hat einen anderen Glauben. Er konnte gar nicht verstehen, dass wir Geschenke bekommen, wenn Jesus Geburtstag hat. Murat hat gesagt, dass Jesus doch das Geburtstagskind ist und eigentlich von uns etwas geschenkt bekommen müsste. Da haben alle über Murat gelacht. Aber Frau Bendorf hat gesagt, dass Murat Recht hat. Weil die Stunde schon fast zu Ende war, hat sie uns eine Hausaufgabe aufgegeben: Wir sollen uns bis in zwei Wochen überlegen, was Jesus sich zu seinem Geburtstag am meisten von uns wünschen würde. Mir ist bisher außer gebrannten Mandeln und einem Weihnachtsbaum noch nichts eingefallen. Aber ich weiß nicht, ob Jesus sich darüber wirklich freuen würde. Mama und Papa habe ich auch schon gefragt, aber sie haben keine Idee. Vielleicht kannst du mir ja helfen. Fällt dir etwas ein, was Jesus an seinem Geburtstag am wichtigsten sein könnte? Schreib mir bitte bald zurück oder ruf mich an, wenn dir ein Gedanke dazu gekommen ist.
Viele Grüße!
Deine Julia

(S 1 faltet den Brief zusammen, nachdenklich.)

Was würde sich Jesus von uns am meisten zu seinem Geburtstag wünschen? O je, das ist aber eine schwierige Hausaufgabe! Ich kann verstehen, dass Julia dabei Hilfe braucht. Da muss ich erst mal ein wenig nachdenken …
Aber glücklicherweise bin ich ja heute nicht allein hier. Vielleicht könnt ihr/kön-

nen Sie mir dabei helfen? Ich verteile nun Stifte und Zettel und jeder, der eine Idee hat, was sich Jesus von uns zum Geburtstag wünschen würde, kann es aufschreiben oder aufmalen und den Zettel dann in die Krippe hier vorne legen. Damit wir Ruhe haben, um über die Frage nachzudenken, wollen wir dabei nicht sprechen, sondern leise sein und ein bisschen Musik hören.

S 1 verteilt die Geschenkepäckchen-Kopien an die Gottesdienstbesucher. Währenddessen Meditationsmusik.
Die Gottesdienstbesucher beschriften die Geschenkepäckchen-Kopien aus Tonpapier und legen sie in die Futterkrippe am Altar. L. wählt während des folgenden Zwischengesangs einige der beschrifteten »Päckchen« zum Vorlesen in der Katechese aus.

Katechese

1. Schritt: Vorlesen der »Geschenkaufschriften«

L. liest einige der im Lesungsteil formulierten Geschenkaufschriften exemplarisch vor. Zu erwarten sind erfahrungsgemäß Aufschriften mit ungefähr folgendem Inhalt:

Von Kindern:

- *dass wir uns nicht mehr streiten*
- *dass wir lieb zueinander sind*
- *dass wir keinen beim Spielen wegschubsen oder auslachen*
- *dass wir teilen*
- *dass alle Menschen gleich behandelt werden*
- *dass wir uns wieder vertragen, wenn wir uns gestritten haben, usw.*

Von Erwachsenen:

- *Liebe*
- *Toleranz*
- *Glaube*
- *Geduld*
- *Versöhnung*
- *Frieden usw.*

2. Schritt: Erarbeitung im Gespräch: Was Jesus beim Schenken wichtig ist – Geschenke als Wege zueinander

L.: Ihr habt ja so viele und tolle Ideen gehabt, was wir Jesus zu Weihnachten schenken können. Und ich glaube, dass er sich über all diese Geschenke sehr freuen würde. Aber so viele Geschenkepäckchen wir auch nun hier vorn in der Krippe haben, so unterschiedlich sind all diese Geschenkideen gar nicht. Wenn man genau hinschaut, dann sind sie sich sogar sehr ähnlich. Habt ihr das auch schon gemerkt?

Mögliche Antworten:

- *Das sind alles Geschenke, die man nicht in einem Geschäft kaufen kann.*
- *Das sind Geschenke, für die man etwas tun muss.*
- *Diese Geschenke helfen den Menschen, friedlich miteinander zu leben.*
- *Das sind eigentlich Geschenke für uns Menschen, damit unser Leben schön wird und niemand traurig ist.*

Mögliche Impulsfragen zur Anregung des Gesprächs mit den Kindern:

- *Woher bekommt man diese Geschenke?*
- *Kann man sie in einem Geschäft kaufen?*
- *Was wäre, wenn wir Jesus wirklich diese Geschenke machen würden?*
- *Was kann man damit anfangen?*
- *Was würde sich dann bei uns ändern?*

Zusammenfassung des Gesprächs

L.: Die Geschenke, die hier in der Krippe liegen, das sind eigentlich Geschenke für uns Menschen. Jesus wünscht sie sich, weil er uns gern hat. Diese Geschenke sollen uns helfen, friedlich und glücklich miteinander zu leben. Es sind nicht nur eingepackte Sachen, die man einfach abgibt, sondern wirkliche Geschenke, denn sie zeigen dem anderen: Du bist mir wichtig, ich bemühe mich um dich, ich hab' dich gern. Diese Geschenke zeigen und bewirken etwas. Sie sind wie Schritte, die man aufeinander zu macht, wie Wege, die zueinander führen.

3. Schritt: Jesus hat sich uns selbst geschenkt und den Weg zu uns genommen

L.: Und genau das möchte Jesus: dass unsere Geschenke uns zueinander führen, dass wir uns durch sie näher kommen. Jesus selbst hat auch so geschenkt. Und er hat nicht irgendetwas geschenkt, er hat sich selbst geschenkt. Er ist zu uns gekommen, in unsere Welt. Er hat den Weg zu uns Menschen genommen, er ist am allerersten Weihnachtsfest bei uns geboren worden und hat bei uns und mit uns gelebt. Er hat den Weg zu uns genommen, hat uns sich selbst geschenkt, weil er uns lieb hat und will, dass wir glücklich sind.

4. Schritt: Anspruch an unser eigenes Schenken

L.: Jetzt müssen wir noch einmal überlegen: Ganz am Anfang des Gottesdienstes, da hat jemand total gestresst seine Geschenke-Liste abgehakt. Da hat sich das Herz gemeldet, weil es nicht damit einverstanden war. Ich denke, Jesus wäre auch nicht mit einer solchen Geschenkeplanung einverstanden. Wenn wir so schenken wollen, wie Jesus es sich wünscht, was müssen wir denn dann beachten?

Mögliche Antworten:

- ***Wir überlegen, wie wir wirklich eine Freude machen können.***
- ***Wir strengen unsere Phantasie an.***
- ***Wir zeigen dem anderen, dass wir ihn mögen.***
- ***Wir können selbst etwas basteln und uns viel Mühe geben, damit das Geschenk ganz schön aussieht.***
- ***Wir können einen lieben Brief dazu schreiben, …***

5. Schritt: Zusammenfassende Schlussbetrachtung

L.: Mit solchen Geschenken, wie ihr sie genannt habt, ist Jesus bestimmt einverstanden. Sie zeigen dem Beschenkten, dass er uns wichtig ist, dass wir ihn annehmen, dass wir ihm eine Freude machen wollen. Wir schenken nicht irgendwas, sondern etwas von uns selbst: Unsere Mühe, unsere Zeit, unsere Liebe. So sind diese Geschenke Wege zueinander.
Daran wollen wir denken, wenn wir uns jetzt, zu Beginn der Adventszeit, Gedanken über die Geschenke machen!

Credo

Kündet allen in der Not (GL 106)

Fürbitten

Vater im Himmel, du möchtest, dass die Geschenke, die wir einander machen, wie Wege sind, die uns zueinander führen. Aber es fällt uns oft schwer, so zu schenken, wie du es möchtest. Daher bitten wir dich:

- Schenke uns ein offenes Herz, damit wir mit gutem Willen, Zuneigung und Liebe unsere Geschenke aussuchen! Wir bitten dich, erhöre uns!
- Schenke uns ein aufmerksames Herz, damit wir die Wünsche unserer Mitmenschen aufspüren, erkennen und erfüllen können! Wir bitten dich, erhöre uns!
- Schenke uns ein weites Herz, damit wir auch diejenigen wohlwollend beschenken, mit denen wir uns nicht so gut verstehen! Wir bitten dich, erhöre uns!
- Schenke uns ein ruhiges Herz, damit wir mit Zeit und Hingabe unsere Geschenke aussuchen und selbst gestalten können! Wir bitten dich, erhöre uns!
- Schenke uns ein liebevolles Herz, damit wir uns auch selbst verschenken können! Wir bitten dich, erhöre uns!
- Schenke allen, die gestorben sind, deine liebevolle Nähe! Wir bitten dich, erhöre uns!

Gabenbereitung

Herr, wir bringen in Brot und Wein unsere Welt zu dir (GL 534)

Sanctus

Heilig, Herr und Gott der Scharen (Tr 232)

Nach der Kommunion

Schenke herzlich und frei.
Schenke dabei,
was in dir wohnt
an Meinung, Geschmack und Humor,
so dass die eigene Freude zuvor
dich reichlich belohnt.

Schenke groß oder klein,
aber immer gediegen.
Wenn die Bedachten die Gaben wiegen,
sei dein Gewissen rein.
Schenke mit Geist, ohne List.

Sei eingedenk,
dass dein Geschenk
du selber bist.

Joachim Ringelnatz
Aus: Ders., Gesamtwerk in sieben Bänden, Hg. Walter Pape

Hinweis auf die Zeitgutscheine

L.: In unserem Gottesdienst haben wir heute viel über Schenken und Geschenke gehört und geredet. Vielleicht überlegen einige sogar schon, was sie in diesem Jahr bei den Weihnachtsgeschenken anders machen können, aber es ist ihnen noch nichts eingefallen. Bevor wir nach Hause gehen, haben wir deshalb noch

einen Vorschlag für ein ganz besonderes Geschenk zu Weihnachten. Wie wäre es damit, Zeit zu verschenken? Zeit ist ein sehr praktisches Geschenk. Man kann sie an große und kleine, junge und alte Menschen verschenken. Sie wiegt nicht viel, sie kostet kein Geld und jeder kann sie sich nehmen.
Geschenkte Zeit ist unglaublich wertvoll, denn sie kommt von Herzen. Außerdem kann man mit dem Zeit-Geschenk beinahe alles machen: zusammen spielen, lachen, Späße machen, miteinander reden, gemeinsam etwas unternehmen.
Wem diese Geschenkidee gefällt, der kann nach dem Gottesdienst einen der Zeitgutscheine mit nach Hause nehmen, die gleich am Ausgang verteilt werden.

Schlussgebet und Segen

Der Herr segne uns.

Der Herr segne unsere Geschenke,
auf dass sie zu Wegen werden,
die uns zueinander führen.

Der Herr segne unser Schenken,
auf dass es zum Zeichen werde
für unsere Zuneigung und Liebe.

Der Herr segne uns,
auf dass wir selbst zum Geschenk werden.
Amen.

Lied

Worauf es ankommt, wenn er kommt (Tr 758)

Brigitta Krämer/Carla Renner-Schäfftlein

Skizze für das Deckblatt

Skizze für Innenseiten

Zeit-Gutschein

für

____

einzulösen bei

____

Liebe ________________________________

Ich habe lange nachgedacht,
was ich dir schenk' zur Heil'gen Nacht.
Etwas von Herzen soll es sein,
wertvoll und schön noch obendrein.
So schenk' ich dir von meinem Tag

Zeit zum ________________________________ ,

weil ich dich mag.

Familiengottesdienst

Aufgeblüht zu neuem Leben – Die heilige Barbara

Vorüberlegungen

Die Legende der heiligen Barbara erzählt, dass Barbara getötet werden sollte, weil sie sich zum Christentum bekannte. Auf dem Weg in das Gefängnis verfing sich ein Kirschzweig in ihrem Kleid, den Barbara in ein Glas mit Wasser stellte. Am Tag ihres Todes war der Kirschzweig aufgeblüht. Die Barbarazweige gehören zu den schönsten Zeichen der Adventszeit. Am 4. Dezember werden neue Zweige von frühblühenden Bäumen (Kirsch- und Forsythienzweige eignen sich am besten) in eine Vase gestellt. Ca. drei Wochen später – zum Weihnachtsfest – sind die Knospen mitten im Winter zu neuem Leben aufgeblüht.

Einsatzmöglichkeiten

Der Gottesdienst sollte um den vierten Dezember gefeiert werden. Evtl. können nach dem Gottesdienst kleine Kirschzweige oder kleine gebastelte Blüten verteilt werden.

Materialien

- *mehrere Kirschzweige*
- *großer Krug oder Vase*

Lied

Macht hoch die Tür (GL 107)

Begrüßung

Liebe Kinder, liebe Erwachsene! Wer schon einmal in Österreich war, weiß, dass es dort viele Berge gibt und deshalb auch reichlich Tunnel. Vor vielen Tunnelröhren findet man ein Bild oder eine Statue der heiligen Barbara. Dieser Brauch kommt daher, dass die heilige Barbara lange Zeit in einem dunklen Verließ gefangen war. Ihr eigener Vater hatte sie in das Gefängnis werfen lassen. Ihr könnt euch sicherlich

vorstellen, wie schrecklich das für die heilige Barbara war. Trotz alledem gab sie nie die Hoffnung auf, dass ihr in der Dunkelheit ihres Gefängnisses ein Licht aufleuchten wird, dass es am Ende des Tunnels ein Licht gibt.
Weil wir mit dieser Hoffnung der heiligen Barbara, dass es am Ende des Tunnels ein Licht gibt, in jeden Straßentunnel hineinfahren, ist ihr Bildnis an vielen Tunneleingängen angebracht. Sie weist uns damit aber auch auf eine noch tiefere Hoffnung hin, die uns durch Jesus Christus gegeben ist: Wenn wir einmal sterben müssen, dann verbleiben wir nicht im Dunkel des Todes. Auch am Ende dieses Tunnels des Todes wird ein Licht scheinen, das Licht Gottes.
Die heilige Barbara hat aus dieser Hoffnung so viel Kraft gewonnen, dass ihr – wie wir nachher hören werden – auch viele schwere Situationen in ihrem Leben keine Angst machen konnten.
So wollen wir Gott in diesem Gottesdienst um den Glauben und die Hoffnung, um den Mut und die Kraft bitten, die auch die heilige Barbara gehabt hat.

Liedruf zum Kyrie

Herr, erbarme dich (Tr 106)

Kyrie

- Herr Jesus Christus, du bist das Licht der Welt, das allen leuchtet, die das Dunkel des Leids erfahren. Herr, erbarme dich.
- Du bist das Licht der Welt, das allen leuchtet, die sich wie in einem Tunnel der Traurigkeit fühlen. Christus, erbarme dich.
- Du bist das Licht der Welt, das allen leuchtet, die dem Tode nahe sind. Herr, erbarme dich.

Ja, guter Gott, erbarme dich unser. Erbarme dich der Dunkelheiten, die es in unserem Leben gibt, und lass dein Licht aufleuchten, mag die Dunkelheit auch noch so groß sein. Amen.

Gebet

Guter Gott, die heilige Barbara war eine mutige Frau, die sich durch nichts von ihrem Glauben abbringen ließ. Sie war so mutig, dass sie nicht einmal der Tod schrecken konnte.
Schenke auch uns so viel Mut und Hoffnung, dass wir nie den Glauben verlieren, dass dein Licht am Ende des Tunnels aufleuchtet. Darum bitten wir durch Jesus Christus, unseren Herrn und Bruder. Amen.

Anspiel: Der Kirschzweig – Hoffnungszeichen für Barbara

L.: Liebe Kinder, liebe Erwachsene, ich habe hier einen Kirschzweig, der erst vor kurzem geschnitten wurde. Was dieser Kirschzweig mit der heiligen Barbara zu tun hat, wollen euch nun die Kinder erzählen.

Kind 1:
Die heilige Barbara lebte vor langer Zeit in der Türkei. Ihr Vater war ein reicher Kaufmann. Und Barbara war ein sehr schönes junges Mädchen. Der Vater liebte Barbara sehr. Weil ihre Mutter schon früh gestorben war, war sie sein größter Schatz. Und er hütete diesen Schatz wie seinen Augapfel.

Kind 2:
Wenn er verreisen musste, brachte er Barbara in einen hohen Turm, damit sie nicht mit Menschen zusammenkam, die ihm nicht gefielen. Nur eine Dienerin und ein Lehrer betreuten sie. Während einer dieser Reisen kam nun ein Arzt namens Valentinus in den Turm. Er erzählte Barbara von Jesus. Bis dahin hatte sie noch nichts von ihm gehört.

Kind 3:
Tag für Tag lauschte sie nun den Geschichten von Jesus. Und sie wurde immer fröhlicher dabei. So wie Jesus wollte sie auch sein. So wie er wollte auch sie den Menschen ihre Liebe schenken. Schließlich ließ sich Barbara taufen und wurde eine Christin. Sie konnte es kaum erwarten, dass ihr Vater zurückkam, um ihm alles erzählen zu können.

Kind 4:
Der Vater jedoch freute sich nicht darüber. Ganz im Gegenteil: Er wurde zornig. Auf seinen Reisen hatte er einen Mann ausgesucht, den seine Tochter heiraten sollte. Aber der war kein Christ und wollte auch keine Christin heiraten. Der Vater wusste zudem, dass der römische Kaiser die Christen hasste und sie verfolgen und

töten ließ. Dass seine Tochter nun dazugehören sollte – das konnte und wollte er nicht verstehen.

(Alle Kinder nehmen einen Kirschzweig in die Hand.)

Kind 1:
In seinem Zorn wurde aus der Liebe des Vaters Hass. Er ließ sie in ein dunkles Gefängnis werfen. Auf dem Weg dorthin verfing sich ein Kirschzweig in Barbaras Kleid.

hält den Kirschzweig hoch

Mitten im kalten Winter saß sie nun im Gefängnis. Sie nahm den Kirschzweig in die Hand und fühlte die kalten, harten Knospen. Sie war verzweifelt.

Kind 2:
Ihr Vater, den sie liebte, war nun so kalt zu ihr, wie sich die Knospen des Zweiges anfühlten. ***(hält den Kirschzweig hoch und fühlt die Knospen)***

Von seiner Liebe war nichts mehr zu spüren. Der Kirschzweig war tot. Nichts an ihm schien ihr lebendig. Die Knospen waren hart und leblos. Barbara musste daran denken, dass ihr selbst nun auch der Tod drohte.

Kind 3:
Christen hatten damals keine Chance. Viele von ihnen wurden gefoltert und brutal ermordet. Barbara wurde es ganz schauerlich ums Herz, als sie daran denken musste. Dann schaute sie wieder auf ihren Kirschzweig.

hält den Kirschzweig hoch und schaut ihn an

Unwillkürlich musste sie an Jesus denken. Die Geschichten von ihm hatten ihr so viel Hoffnung gemacht.

Kind 4:
Und sie nahm einen Becher mit Wasser und stellte den Kirschzweig hinein.

nimmt einen großen Becher/Krug und stellt den Kirschzweig hinein

Sie sagte sich: »Auch wenn er so kalt und leblos erscheint, glaube ich, dass Gott ihn wie einst Jesus zum Leben erwecken kann.« Am Tag, als die Soldaten kamen, um Barbara hinzurichten, schaute sie noch einmal auf den Kirschzweig. Er hatte zu blühen begonnen, mitten im Winter. »So wie der Kirschzweig werde auch ich zu neuem Leben aufblühen«, dachte Barbara und ging mutig in den Tod hinein.

Zwischengesang

In der Mitte der Nacht (Tr 467)

Evangelium

Auch im heutigen Evangelium geht es um das Blühen und Wachsen. Jesus erzählt seinen Jüngern von einem kleinen Senfkorn, dem vermutlich kaum einer zutraut, dass es überhaupt wächst. Hört einmal genau zu, was Jesus sagt:

»Womit sollen wir das Reich Gottes vergleichen, mit welchem Gleichnis sollen wir es beschreiben? Es gleicht einem Senfkorn. Dieses ist das kleinste von allen Samenkörnern, die man in die Erde sät. Ist es aber gesät, dann geht es auf und wird größer als alle anderen Gewächse und treibt große Zweige, so dass in seinem Schatten die Vögel des Himmels nisten können.«

(Markus 4,30–32)

Gedanken zum Evangelium und zur heiligen Barbara

L.: Am Anfang traut keiner dem kleinen Senfkorn etwas zu. Dann wird es gar größer als alle anderen Gewächse. Ähnlich ist es mit dem Kirschzweig der heiligen Barbara: Am Anfang schien es so, als ob der Kirschzweig tot sei. Aber dann blühte er mitten im Winter zu neuem Leben auf. Für Barbara ein Zeichen: »So wird es auch mit mir geschehen. Wenn ich sterbe, werde ich verwandelt zu neuem, blühenden Leben.«

Der Kirschzweig ist seitdem für uns ein großes Zeichen der Hoffnung. Viele Menschen stellen deshalb in der Adventszeit Kirschzweige in die Vase. Dies wollen wir nun auch tun und mit unseren Kirschzweigen Zeichen der Hoffnung setzen.

Die Kinder stellen nun nach und nach die Kirschzweige, die sie in den Händen halten, in die Vase, in der schon der Kirschzweig der heiligen Barbara steht.

Kind 1:
Mein Kirschzweig soll allen Menschen Hoffnung schenken, die durch eine Naturkatastrophe ihr Zuhause verloren haben.

Kind 2:
Mein Kirschzweig soll allen Menschen Hoffnung schenken, die gerade arbeitslos sind und sich deshalb zu nichts mehr wert fühlen.

Kind 3:
Mein Kirschzweig soll allen Frauen und Männern Hoffnung schenken, die gerade in einem Streit stecken und nicht mehr wissen, wie es mit ihnen weitergehen soll.

Kind 4:
Mein Kirschzweig soll allen Jugendlichen Hoffnung machen, die noch keinen Ausbildungsplatz und noch keine Ahnung haben, wie ihre Zukunft aussehen soll.

Kind 5:
Mein Kirschzweig soll allen Menschen Hoffnung machen, die schwer oder gar unheilbar krank sind.

Kind 6:
Mein Kirschzweig soll allen Schülerinnen und Schülern Hoffnung machen, die gerade schlechte Noten und Angst vor einem schlechten Zeugnis haben.

Kind 7:
Mein Kirschzweig soll allen Menschen Hoffnung machen, die einen Menschen vermissen, der ihnen viel bedeutet hat.

Kind 8:
ein Kirschzweig soll allen Menschen Hoffnung machen, die wie die heilige Barbara in das Dunkel des Todes hineinschauen.

L.: Für noch viele Menschen könnten wir Kirschzweige in die Vase stellen. Wir wollen damit zeigen: Auch wenn Gott das Leid nicht einfach aus der Welt wegnehmen kann, so gibt er uns immer wieder Zeichen der Hoffnung. Immer wieder – selbst im Tod – blüht uns durch Gott neues Leben. Immer wieder – selbst im Winter – springen die Knospen auf und fangen an zu blühen.

Lied

Alle Knospen springen auf (Tr 94)

Liedruf zu den Fürbitten

Mache dich auf und werde licht

Fürbitten

Guter Gott! Du bist das Licht auf unseren Lebenswegen. Du bist unser Begleiter. Du gibst uns immer wieder Kraft und Hoffnung, dass neues Leben blühen kann. Deshalb bitten wir dich:

- Für alle Menschen, die gerade im Sterben liegen: Gib ihnen die Hoffnung, dass neues Leben über den Tod hinaus blüht.
- Für alle, die gerade keine Hoffnung mehr haben: Mach ihnen Mut und lass sie Zeichen entdecken, wie ihr Leben weitergehen kann.
- Für alle Menschen, die in Not sind: Lass sie Menschen finden, die sich ihrer Not annehmen und ihnen Liebe und Hoffnung schenken.
- Für uns alle: Wenn wir einmal nicht mehr ein noch aus wissen, lass uns an den Kirschzweig denken und darin wie die heilige Barbara neue Hoffnung finden.
- Für unsere Toten: Lass sie aufblühen zu neuem Leben und das Licht deiner Liebe und Herrlichkeit schauen.

Denn du, Gott, bist das Licht in aller Dunkelheit. Du lässt blühen, wo alles tot erscheint. Du bist unsere große Hoffnung heute und alle Tage unseres Lebens. Amen.

Lied

Kleines Senfkorn Hoffnung (Tr 707)

Gabengebet

Guter Gott, wir bringen Brot und Wein zu dir, um mit dir Mahl zu halten, so wie es einst dein Sohn mit seinen Jüngern getan hat, um ihnen und uns zu zeigen, wie lieb er uns hat. Deshalb bitten wir dich: Sei bei uns in diesem Mahl, schenke uns deine Liebe, bringe deine Freude und dein Licht in unsere Welt hinein. Darum bitten wir durch Jesus Christus, unseren Herrn und Bruder. Amen.

Sanctus

Heilig – Hosanna in der Höhe (Tr 239)

Friedensgruß

Der Kirschzweig, der manchmal so tot zu sein scheint wie der Frieden in unserer Welt, blüht auf. Er ist ein Zeichen der Hoffnung für die heilige Barbara gewesen, dass der Tod nicht das letzte Wort hat. Er ist ein Zeichen der Hoffnung für uns, dass der Friede Gottes das letzte Wort haben wird. Dieser Friede Gottes sei alle Zeit mit euch.

Danklied nach der Kommunion

Vergiss nicht zu danken (Tr 316)

Gebet

Guter Gott, du hast der heiligen Barbara den Kirschzweig geschenkt als ein Zeichen der Hoffnung, dass es am Ende des Tunnels ein Licht gibt. So sind auch Brot und Wein lebendige Zeichen für uns, dass du bei uns bist, dass du uns nicht im Stich lässt, dass du uns Hoffnung schenkst, auch wenn es um uns herum dunkel wird. Dafür danken wir dir durch Jesus Christus, unseren Herrn und Bruder. Amen.

Segen

Lied

Gehet nicht auf in den Sorgen dieser Welt (Tr 181)

Hans-Joachim Remmert

Familiennachmittag

Zwischen Chaos und Stille

Vorüberlegungen

Unser Leben spielt sich im Spannungsfeld von verschiedenen Gegensatzpaaren ab. Lärm und Stille sowie Geschäftigkeit und Ruhe sind zwei davon, die gerade in der Adventszeit eine besondere Rolle spielen. Beide Pole sind wichtig und nötig, um das Leben lebendig und intensiv zu gestalten und in seiner ganzen Vielfalt auszuschöpfen. Wir fühlen uns wohl, wenn zwischen beiden Polen ein Gleichgewicht besteht, wenn die Phasen von Geschäftigkeit und Ruhe ausgewogen sind. Die Vorbereitungen in der Advents- und Weihnachtszeit stören dieses Gleichgewicht nicht selten einseitig zugunsten der Geschäftigkeit. Die Sorge um das Gelingen aller Vorbereitungen nimmt uns oft ganz in Anspruch und führt zu Stress und Hektik.
Das macht eine Besinnung auf die Bedeutung von Weihnachten als Fest der Geburt Jesu sehr schwer, und das Bewusstsein für den Sinn des Advents als stille Zeit des Wartens geht mehr und mehr verloren. An diesem Familiennachmittag sollen die Teilnehmer die Gegensätze Geschäftigkeit und Ruhe bewusst wahrnehmen und erleben. Diese Erfahrung soll dazu anregen, auch der Ruhe und der Besinnlichkeit im vorweihnachtlichen Alltag Raum zu geben und sie als Chance zu nutzen, um Weihnachten nicht nur als schön geschmückten Rahmen, sondern sinnerfüllt feiern zu können.

Einsatzmöglichkeiten

Der Familiennachmittag richtet sich an Familien mit Kindern im Alter von ca. neun bis zwölf Jahren. Sie treffen sich in der Adventszeit an einem Samstag- oder Sonntagnachmittag für ca. drei Stunden. Für die Durchführung werden ca. drei bis fünf Leiter/-innen benötigt. An räumlichen Voraussetzungen sollten ein Großgruppenraum und ein bis zwei kleinere Räume zur Verfügung stehen. Für das Weihnachts-Chaos-Spiel werden außerdem Räume/Flure zum Aufhängen der Nummern-Stichwort-Karten benötigt.
Alle Teilnehmer/-innen werden gebeten, eine Decke/Isomatte und ein Kuschelkissen mitzubringen.

Materialien

Für das Weihnachts-Chaos-Spiel:

- *Spielplan (siehe Vorlage) auf einem Spieltisch*
- *30 Nummern-Stichwort-Karten (siehe unten)*
- *Würfel*

- *verschiedene (weihnachtliche) Spielfiguren in der Anzahl der mitspielenden Gruppen*
- *Aufgabenzettel für die Gruppenleiter/-innen*
- *Klebeband zum Befestigen der Stichwortkarten*

Zum Lösen der Aufgaben:

- *Konzeptpapier*
- *Stifte*
- *Zeitungspapier*
- *Tonkartonreste*
- *ein Wohnungstürschlüssel an einer langen Schnur*

Für die Erwachsenengruppe:

- *CD-Player und meditative Musik*
- *Vorlagen zum Malen von Mandalas (mit und ohne Muster)*
- *Bunt- und Filzstifte, Pinsel, Wasserfarben, Wasserbecher*
- *evtl. Abdeckfolie für die Tische*
- *Tuch und Kerze, evtl. weihnachtliches Dekorationsmaterial*
- *für die Meditation vier Tonkartonstreifen, die wie folgt beschriftet sind: Wünsche – Weihnachtsbotschaft – Wahrheit – Warten*

Für die Kindergruppe:

- *CD-Player und meditative Musik*
- *quadratische oder runde Tücher oder Tonkarton (30 × 30 cm)*
- *rote Tonkarton-Herzen für jedes Kind*
- *Naturmaterialien: schöne kleine und mittelgroße Steine, kleine Ästchen, Sand, kleine und mittelgroße Zapfen, getrocknete Hagebutten und Wildbeeren, Moos, kleine Tannenzweige, Rindenstücke …*
- *Stall, Futterkrippe*
- *Weihnachtsdekoration*

Für die Großgruppeneinheit:

- *Liedzettel: Zeit für Ruhe, Zeit für Stille (Tr 848)*

Vorbereitung

Für die Nummern-Stichwort-Karten werden 30 Kärtchen benötigt. Die Vorderseite wird mit jeweils einer Nummer von 1–30 beschriftet. Auf die Rückseite der einzelnen Nummerkarten wird das dazu passende Stichwort geschrieben (Beispiel: Die Karte Nr. 1 trägt das Stichwort »Christmette«). Für Gruppen, die das Spielmaterial öfter verwenden möchten, empfiehlt es sich, die Nummern-Stichwort-Karten zu laminieren.
Bevor die Familien eintreffen, werden die Nummern-Stichwort-Karten gemischt und ungeordnet mit Klebeband in Räumen und Fluren, die für das Spiel genutzt werden können, befestigt.

Begrüßung und Einführung

L.: Wir haben bestimmt alle schon erlebt, wie das ist, wenn wir ganz viel zu tun haben, wenn wir uns beeilen müssen und alles ganz schnell gehen muss. Und wir haben bestimmt auch alle schon einmal erlebt, wie es ist, wenn man so richtig viel Zeit hat, wenn man in Ruhe nachdenken und überlegen kann und von innen her ganz ruhig ist. Beides kann schön sein und Spaß machen. Und beides ist wichtig und gehört zu uns. Um beides soll es heute gehen: Um Geschäftigkeit und um Ruhe.
In der Adventszeit gibt es besonders für die Erwachsenen viel zu tun. Deshalb ist es manchmal richtig hektisch und stressig: Wir schmücken die Wohnung, wir kaufen Weihnachtsgeschenke ein, wir sind auf vielen Weihnachtsfeiern eingeladen, wir schreiben Karten und wir besorgen viele Dinge, damit Weihnachten ein schönes Fest werden kann. Wie es in der Adventszeit zugehen kann, wie wir von einem Ort zum anderen rennen, das können wir beim Weihnachts-Chaos-Spiel erleben, das wir jetzt miteinander spielen wollen.

Das große Weihnachts-Chaos-Spiel

Spielregeln:

- *Jeweils zwei Familien bilden eine Gruppe.*
- *Jede Spielgruppe erhält eine Spielfigur.*
- *Die Gruppen würfeln nacheinander und setzen ihre Spielfigur auf das entsprechende Spielfeld des Spielplans: Wer eine 5 würfelt, kommt auf Spielfeld 5; wer eine 3 würfelt, kommt auf Spielfeld 3 usw.*

- *Auf ein Startzeichen hin gehen die Gruppen auf die Suche nach dem Nummern-Stichwort-Zettel mit »ihrer« Zahl: Wer auf Spielfeld 5 steht, sucht den Nummern-Stichwort-Zettel 5, merkt sich das Stichwort auf der Rückseite und kommt zurück in den Großgruppenraum.*
- *Wichtig: Die Stichwortzettel dürfen nicht abgerissen oder mitgenommen werden. Sie müssen unbedingt für nachfolgende Gruppen hängen bleiben.*
- *Die Gruppe nennt beim Spielleiter Stichwort und Zahl. Sofern diese übereinstimmen, erhält die Gruppe dazu die entsprechende Aufgabe.*
- *Wichtig: Die Spielgruppe muss vollzählig sein, bevor die Aufgabe gestellt wird.*
- *Wenn die Aufgabe gelöst wurde, darf die Gruppe weiterwürfeln und entsprechend der gewürfelten Augenzahl weiterziehen:*
- *Wer auf Spielfeld 5 steht und 3 würfelt, zieht weiter auf Spielfeld 8. Nun wird der Nummern-Stichwort-Zettel zu dieser Zahl gesucht.*
- *Wichtig: Es gibt Pflichtfelder, an denen keine Spielgruppe vorbeikommt. Sie sind auf dem Spielplan besonders gekennzeichnet. Beispiel: Nr. 10 ist ein Pflichtfeld. Eine Spielgruppe, die auf Spielfeld 8 steht und eine 5 würfelt, darf nur bis zum Spielfeld 10 vorziehen.*
- *Es ist möglich, dass mehrere Gruppen auf der gleichen Spielfeldnummer stehen. Rausschmeißen gibt es nicht.*
- *Beim Weihnachts-Chaos-Spiel geht es um Schnelligkeit: Die Gruppe, die als Erste bei der Spielfeldnummer 30 angelangt ist und die dazugehörige Aufgabe gelöst hat, hat gewonnen.*
- *Das Spiel wird fortgesetzt, bis alle Spielgruppen fertig sind.*

Praktische Hinweise für die Durchführung des Spiels:

Es empfiehlt sich, das Spiel mit mehreren Spielleitern zu spielen: Ein/-e Spielleiter/-in ist für den Spieltisch zuständig und betreut das Würfeln. Die anderen Spielleiter/-innen stehen für die Aufgabenstellung zur Verfügung.
Die Spielleiter/-innen, die die Aufgaben stellen, sind gleichzeitig Schiedsrichter bei der Aufgabenerfüllung. Sie achten auf sorgfältige Ausführung der Aufgaben, ohne den Spielfluss kleinlich zu blockieren und die Spielfreude zu hemmen. Wichtig: Maßstab beim Lösen der Aufgaben ist nicht nur Schnelligkeit, sondern Phantasie und Ideenreichtum.

Aufgaben:

1 Christmette

Der Pastor findet in seinem Schrank kein passendes Messgewand für die Christmette. Entwerft ein weihnachtlich-festliches Messgewand als Vorlage für die Schneiderei!

2 Langfinger
Ein Dieb hat auf dem Weihnachtsmarkt zugeschlagen. Ihr wart Augenzeugen. Fertigt einen Steckbrief für die Polizei an mit Personenbeschreibung und Phantombild des Täters!

3 Duft
Die Weihnachtsbäckerei steht an. Alles für das Backen muss besorgt werden. Schreibt einen Einkaufszettel mit den zehn wichtigsten Zutaten fürs Plätzchenbacken!

4 Ansprache
Im Pfarrgemeinderat wird heftig über Weihnachten diskutiert. Ihr habt die Aufgabe, dort eine Rede für die Verlegung des Weihnachtsfestes in die Sommerferien zu halten.

5 Sport
Auf der Weihnachtsfeier des Turnvereins wird zünftig gefeiert. Auf dem Programm stehen zehn Kniebeugen und zehn Liegestütze für die ganze Festgesellschaft.

6 Alarm
Mäuse haben die Weihnachtsplätzchen angeknabbert. Erfindet eine gute und schonende Falle, mit der die Mäuse lebend gefangen werden können!

7 Lächeln
Weihnachtszeit – Fotozeit: Malt ein Gruppenfoto eurer Gruppenmitglieder vor dem Weihnachtsbaum!

8 Probe
Die Proben für das Krippenspiel fangen an. Schreibt eine Einladung dafür, die im Pfarrbrief veröffentlicht werden soll!

9 Naschen
Euer kleiner Bruder hat heimlich die Hälfte des Plätzchenvorrats aufgefuttert. Entwickelt eine zuverlässige Weihnachtsplätzchen-Dosen-Sicherung!

10 Schleife
Pflichtfeld (Alle Gruppen müssen diese Aufgabe lösen!)
Ihr besucht eine Ausstellung mit Weihnachtsneuheiten. Dort wird eine Weihnachtsgeschenke-Verpackungs-und-Weihnachtskarten-Druck-und-Auswurf-Maschine vorgestellt. Stellt diese Maschine mit eurer Gruppe dar und erklärt, wie sie funktioniert.

11 Post
Tante Lisbeth liebt selbst gemalte Weihnachtskarten. Ihr wollt ihr eine Freude machen. Deshalb malt jedes Gruppenmitglied eine Karte für Tante Lisbeth.

12 Noten
Damit unter dem Weihnachtsbaum nicht immer dieselben Lieder gesungen werden, erfindet ihr für »Alle Jahre wieder« einen neuen Text.

13 Theater
Nennt zehn Dinge, die man unbedingt für das Krippenspiel braucht!

14 Wert
Macht drei Vorschläge für Weihnachtsgeschenke, die man nicht kaufen kann!

15 Blitzblank
Pflichtfeld (Alle Gruppen müssen diese Aufgabe lösen!)
Der Weihnachts-Hausputz muss erledigt werden. Durchquert den Raum zwei Mal ordentlich in putzender Weise!

16 Lärm
Euer Nachbar hat einen singenden Weihnachtsmann vor der Haustür stehen, der Tag und Nacht »O Tannenbaum« schmettert. Verfasst einen höflichen Beschwerdebrief!

17 Eile
Für Onkel Eberhard muss noch in letzter Minute ein Geschenk besorgt werden. Als ihr endlich eins gefunden habt, steht ihr an der Kasse und stellt fest, dass ihr nicht mehr genug Geld habt, um es zu bezahlen. Versucht die Kassiererin davon zu überzeugen, dass sie ein Auge zudrückt und ihr das Geschenk trotzdem mitnehmen könnt!

18 Schornstein
Der Nikolaus hat es satt, sich beim Rutschen durch den Kamin seinen schönen roten Mantel mit Ruß zu verschmieren. Entwerft eine attraktive Schutzkleidung für den Nikolaus!

19 Dichtung
Tante Friederike hat sich zu Weihnachten eine selbst geschriebene Geschichte gewünscht. Ihre Lieblingswörter Kerze, Schuhschrank, Senfsoße, Adventskranz, Schreikrampf, Nudelholz, Socken, Nachttopf und Schwerkraft sollen darin vorkommen. Macht euch ans Werk!

20 Superstar
Pflichtfeld (Alle Gruppen müssen diese Aufgabe lösen!)
Für das Krippenspiel werden Schafe benötigt. Ihr veranstaltet ein Schaf-Casting, bei dem das am besten blökende Schaf für die Leithammel-Rolle im Krippenspiel ermittelt werden soll.

21 Missgeschick
Bei einer Krippenspielprobe sind die Flügel der Engel verloren gegangen. Bastelt aus Zeitungspapier einen überzeugenden Flügelersatz!

22 Menü
Ihr seid den ewigen Gänsebraten zu Weihnachten leid und möchtet Abwechslung auf der Weihnachtsspeisekarte. Entwickelt ein außergewöhnliches Menü und eine ansprechende Menükarte dazu!

23 Geheimnis
Im Weihnachtszimmer stehen schon die Geschenke unter dem Weihnachtsbaum. Damit niemand frühzeitig hereinkommt, wird das Zimmer abgeschlossen und der Schlüssel dazu gut versteckt.
(Es folgt das »Schlüsselspiel«: Ein Wohnungstürschlüssel wird an einer langen Paketschnur angebunden. Die Gruppenmitglieder müssen den Schlüssel mitsamt der Kordel zuerst durch ihren linken Ärmel und ihr rechtes Hosenbein führen. Zum Schluss wird der Schlüssel an der Schnur wieder herausgezogen).

24 Szene
Spielt die Szene nach, wie die Heiligen Drei Könige den Weihnachtsstern entdecken und ihre Reise nach Betlehem vorbereiten. Alle Gruppenmitglieder bekommen dabei eine Aufgabe.

25 Rezept
Pflichtfeld (Alle Gruppen müssen diese Aufgabe lösen!)
Rudolf, das Schlitten ziehende Rentier vom Christkind, ist furchtbar erkältet. Entwickelt eine rasch wirksame Mixtur von zehn unterschiedlichen Zutaten und eine Einnahmeverordnung unter Angabe von Wirkung und möglichen Nebenwirkungen!

26 Design
Eine Firma zur Herstellung von Weihnachtsgeschenkpapier hat einen Wettbewerb ausgeschrieben. Gesucht werden neue Motive, Farben und Formen für Weihnachtsgeschenkpapier. Ihr beteiligt euch daran.

27 Gesang
Beim Krippenspiel sind alle Engel plötzlich heiser. Springt für sie ein und studiert ein zu Herzen gehendes Engellied ein!

28 Tannenbaum
Jedes Jahr fällt der Tannenbaum mindestens ein Mal um, wenn euer Vater ihn aufstellt. Erfindet eine sichere, aber unauffällige Tannenbaumhaltevorrichtung!

29 Betrieb
Im Kaufhaus herrscht Hochbetrieb. In den Gängen stauen sich die Menschen. Ihr könnt nur noch vorankommen, wenn ihr in einer Schlange hintereinander steht, euch an den Schultern fasst und im Gänsefüßchenmarsch auf den Ausgang zugeht.

30 Jubel
Ihr habt das Weihnachts-Chaos-Spiel überstanden! Brecht in ein ohrenbetäubendes Jubelgeschrei aus!

Überleitung

L.: Wir haben beim Weihnachts-Chaos-Spiel erlebt, dass man ganz schön ins Schwitzen kommen kann, wenn es hektisch zugeht und wenn wir in kurzer Zeit viele Aufgaben zu erledigen haben. Wie es uns dabei im Einzelnen ergangen ist und was das mit der Adventszeit zu tun hat, wollen wir jetzt in kleineren Gruppen genauer unter die Lupe nehmen. Deshalb teilen wir uns in eine Erwachsenen- und eine Kindergruppe auf.

Die Familien teilen sich in eine Erwachsenen- und eine Kindergruppe auf und gehen in getrennte Räume.

Thematische Einheit in Altersgruppen

Erwachsenengruppe

L.: Ich glaube, Spiel und Wirklichkeit liegen gar nicht so weit auseinander.
Wir haben gerade beim Spiel erlebt, was in unserem Alltag und besonders jetzt in der Adventszeit für die meisten von uns schon fast Selbstverständlichkeit und Normalität geworden ist: die Fülle von Aufgaben, die erledigt werden muss, die Hetze von einem Ort zum anderen, der Zeitdruck, unter dem man

die Kinder antreibt oder auch von ihnen angetrieben wird. Das bringt einen manchmal ganz schön außer Atem und lässt einen ins Schwitzen kommen.

Impulsfragen für das Gespräch

- Inwiefern entsprechen diese Erfahrungen Ihrem Alltag?
- Wie sieht diese Situation im Advent aus, der ja ursprünglich als stille Zeit des Wartens gedacht ist?
- Wie erleben Sie unter dem Gesichtspunkt von Stress und Hektik die Vorweihnachtszeit?

Die Teilnehmer/-innen tauschen sich über ihre Alltagserfahrungen mit Stress, Aufgabenfülle, Anforderungen und Zeitdruck aus und darüber, wie sie die Adventszeit erleben.

L.: Ich denke, Stress und Hektik gehören zu unserem Alltag, auch und vielleicht besonders in der Adventszeit. Wir haben bestimmte Vorstellungen, wie wir diese Zeit verbringen und gestalten wollen. Wir jonglieren mit dem Erwartungsdruck von außen, mit den Anforderungen, die wir selbst an uns stellen, und mit unseren eigenen Bedürfnissen und Wünschen. Ich habe zu diesem Thema ein Bild mitgebracht und möchte Sie bitten, es sich zunächst in Ruhe anzusehen und sich Ihre Gedanken dazu zu machen.

© Behrendt/ CCC, www.c5.net

Die Grafik wird an jeden Teilnehmer ausgeteilt. Die Teilnehmer erhalten Zeit, um sich mit dem Bild auseinander zu setzen.

L.: Was fällt Ihnen zu diesem Bild ein? Inwieweit finden Sie sich in diesem Bild wieder?

Die Teilnehmer äußern ihre Eindrücke.

L.: ***(die Aussagen der Teilnehmer zusammenfassend):***
Mit Advent und Weihnachten ist die äußere Vorbereitung untrennbar verbunden. Sie ist wichtig, um dem Fest einen Rahmen zu geben und die weihnachtliche Festfreude zum Ausdruck zu bringen. Aber dabei geraten wir – alle Jahre wieder – oft unwillkürlich in den Menschenstrom, der, ohne nach rechts und links zu sehen, mehr oder weniger völlig davon in Anspruch genommen ist, alles für ein gelungenes Fest zu erledigen und zu besorgen. Über diese Geschäftigkeit verlieren wir leicht aus den Augen, worum es an Weihnachten überhaupt geht, warum wir dieses Fest feiern und wieso wir uns so viel Arbeit und Mühe machen, um es vorzubereiten. Dabei wäre es gar nicht so schwer, den Ursprung von Weihnachten zu entdecken: Man müsste nur stehen bleiben, in der Hetze innehalten, sich besinnen und sich umsehen. Damit wäre der erste Schritt getan, um den wirklichen Sinn und die Bedeutung des Festes wieder in den Blick zu bekommen. Die Voraussetzung dafür ist, dass man sich in der vorweihnachtlichen Geschäftigkeit ein bisschen Zeit für weihnachtliche Gelassenheit nimmt.
Nachdem wir vorhin schon Erfahrungen mit Geschäftigkeit und Hektik gemacht haben, möchten wir Sie nun zu Ruhe und Gelassenheit einladen.
Sie haben jetzt die Möglichkeit, sich eine Weile Zeit für Ruhe, Zeit für Stille zu gönnen. Wir möchten dafür zwei Gruppen bilden: eine, die sich kreativ beschäftigen möchte, und eine, die die Zeit meditativ verbringen möchte.
Für die Gruppe, die kreativ arbeiten möchte, liegen hier verschiedene Mandalas bereit, die mit Bunt- oder Filzstiften oder mit Wasserfarbe angemalt werden können. Mandalas sind Kreisbilder, die uns zu uns selbst, zur Mitte unseres Daseins, führen wollen. Beim Ausmalen kommt es nicht darauf an, etwas darzustellen oder besonders schön zu malen, sondern sich in das Malen zu versenken und das Bild ohne bestimmte Absicht entstehen zu lassen.
Die Gruppe, die die Zeit meditativ verbringen möchte, kann sich im Kreis um diese Kerze setzen und ihren Gedanken freien Lauf lassen.
Außerdem haben wir in den Ecken des Raumes vier Begriffe verteilt, die mit Weihnachten zu tun haben. Wer möchte, kann diese Begriffsräume betreten, indem er sich nacheinander zu den einzelnen Wörtern stellt, sie auf sich wir-

ken lässt und wahrnimmt, was die Wörter in ihm auslösen und welche Gedanken ihm dazu kommen.
Bevor wir uns in die Gruppen aufteilen, bleiben wir noch ein paar Minuten sitzen, atmen langsam und tief durch, bis wir spüren, dass alle Anspannung von uns abfällt. Dann entscheiden wir uns, was wir in dieser Zeit der Ruhe und Stille für uns tun möchten. Während der Ruhephase hören wir meditative Musik.

Mandalas aus: Meine Weihnachtsmandalas. Gezeichnet von Stefan Lohr und eingeführt von Frank Nesselhauf. Verlag Herder Freiburg im Breisgau 2001

Kindergruppe

L.: Beim Weihnachts-Chaos-Spiel ging es vorhin sehr hektisch zu. Alle liefen durcheinander, ihr habt euch beeilt und hattet Stress, die Aufgaben möglichst schnell zu lösen. Wie war das denn für euch?

Die Kinder geben ihre Eindrücke wieder. Zu erwarten sind Äußerungen wie:

- ***Es war lustig.***
- ***Es hat Spaß gemacht.***
- ***Es war anstrengend. Wir sind vom Laufen müde geworden. Wir haben geschwitzt.***
- ***Es war ärgerlich, wenn wir die Zettel nicht gefunden haben, weil wir nicht schnell weiterkamen.***
- ***Wir haben uns beeilt, damit wir wieder würfeln konnten.***

L.: Das Weihnachts-Chaos-Spiel war ja ein Spiel um Stress und Hektik. Das habt ihr so empfunden: ***(fasst mit eigenen Worten die Kernaussagen der Kinder noch einmal zusammen).***
Wie ist das eigentlich im wirklichen Leben, wenn es da Stress und Hektik gibt? Wie findet ihr es, wenn ihr da viele Aufgaben zu erledigen habt?

Die Kinder berichten über ihre Erfahrungen mit Stress und Hektik im Alltag. Dabei sind sowohl positive als auch negative Äußerungen möglich. Die Einschätzungen der Kinder werden nicht kommentiert. Jede Empfindung hat ihre Berechtigung. Es geht nicht darum, Stress und Hektik zu bewerten, sondern deren Existenz und Einfluss auf das Befinden bewusst zu machen. Dadurch wird die Grundlage geschaffen, um auf den Gegenpol »Ruhe und Stille« überleiten zu können.

L.: Stellt euch mal vor, wir hätten eine alte Waage von früher mit zwei Waagschalen hier bei uns. Und stellt euch weiter vor, wir würden das, was ihr jetzt gerade über Stress und Hektik erzählt habt, in die eine Schale legen. Was müsste man dann wohl in die andere Schale legen, damit die Waage wieder im Gleichgewicht ist?

Die Kinder machen Vorschläge und erläutern ihre Ideen. Bei Bedarf lenkt L. das Gespräch auf die Thematik »Ruhe und Stille«.

L.: Wir haben jetzt entdeckt, dass Hektik und Ruhe zusammengehören. Wir haben festgestellt, dass es schön ist, wenn wir Aufgaben haben, wenn wir etwas tun können, aber wenn es zu viel wird, fühlen wir uns nicht mehr wohl. Dann brauchen wir Ruhe, damit unsere Gefühlswaage wieder ins Gleichgewicht kommt. Habt ihr eine Idee, was das mit der Advents- und Weihnachtszeit zu tun haben könnte?

Die Kinder äußern ihre Ansichten.

L.: Bei den ganzen Weihnachtsvorbereitungen um uns herum vergessen wir manchmal, uns selbst, unser Herz für Weihnachten bereit zu machen. Der Advent ist eigentlich als eine stille Zeit des Wartens erfunden worden, damit wir uns auf Weihnachten, auf den Geburtstag von Jesus, vorbereiten. Der Advent lädt uns ein, eine Pause zu machen bei der Hektik und den Aufgaben, die jeden Tag auf uns zukommen. Wir können Zeit für Ruhe und Stille finden, damit wir bereit werden, Jesus bei uns ankommen zu lassen. So eine Pause für Ruhe und Stille möchten wir jetzt nach der Hektik vom Weihnachts-Chaos-Spiel auch einlegen.

Die Kinder setzen sich mit ihren mitgebrachten Kissen in einem Kreis auf den Boden: Ein grünes Tuch wird in die Mitte gelegt. Darauf wird ein leerer Stall oder eine leere Futterkrippe gestellt, was das Zentrum unseres Wartens im Advent symbolisieren soll. Um den Stall/die Futterkrippe herum wird adventliche Dekoration angeordnet: Strohsterne, Lebkuchenherzen, Äpfel, Nüsse, Apfelsinen und Mandarinen als Symbol für die äußere Vorbereitung auf Weihnachten.

L.: Wir wollen jetzt ein Lied singen, das uns zu Ruhe und Stille einlädt: Zeit für Ruhe, Zeit für Stille.

Lied

Zeit für Ruhe, Zeit für Stille (Tr 848)

Das Lied wird mehrmals langsam gesungen. Auf ein Zeichen wird das Lied immer leiser gesungen und schließlich nur noch ganz leise gesummt.

Gestaltung der Herzen

L.: Advent heißt: Zeit für Ruhe, Zeit für Stille. Advent heißt: Warten auf Jesus. Wir wollen zeigen, dass wir auf Jesus warten und dass unser Herz für Jesus offen ist. Jedes Kind bekommt jetzt ein Tuch und ein Herz. Wir legen das Herz in die Mitte auf das Tuch und verzieren das Herz rundherum. Alles, was wir dafür mitgebracht haben, legen wir hier in die Mitte. Wir wollen versuchen, dabei ganz ruhig und leise zu sein und nur auf uns selbst zu achten. Damit es uns besser gelingt, hören wir ein bisschen leise Musik dabei.

Die Kinder gestalten ihr Herz für Jesus. Währenddessen läuft meditative Musik. Zum Abschluss der Kleingruppeneinheit wird noch einmal das Lied »Zeit für Ruhe, Zeit für Stille« gesungen.

Großgruppeneinheit – Kuschelstunde für Weihnachts-Sinn-Sucher

L.: Wir haben heute Nachmittag darüber gesprochen, dass unsere Adventszeit oft hektisch und stressig ist, weil wir viele Aufgaben erledigen müssen und es viel zu tun gibt. Manchmal wiegt die Geschäftigkeit so schwer, dass unsere Gefühlswaage aus dem Gleichgewicht gerät. Damit wir sie wieder ausgleichen können, brauchen wir Zeit für Ruhe, Zeit für Stille. Eben in den kleinen Gruppen haben wir Ruhe und Stille erlebt. Für einige war es ungewohnt und vielleicht zuerst ein bisschen schwierig, aber wir haben auch gemerkt, dass es gut tut, wenn wir zur Ruhe kommen, wenn es still um uns wird.
Damit es wirklich Weihnachten bei uns werden kann, brauchen wir aber noch etwas: Wir müssen unser Herz öffnen, damit Jesus bei uns ankommen kann. Das gelingt uns, wenn wir uns immer wieder neu daran erinnern, warum wir Weihnachten überhaupt feiern. Und dazu habe ich eine Geschichte mitgebracht.
Bevor ich sie vorlese, wollen wir uns bequem hinsetzen oder hinlegen, so, wie es für jeden am angenehmsten ist und wie man es eine Weile gut aushalten kann, ohne sich ständig zu bewegen.

Zu dieser Einheit suchen die Teilnehmer/-innen sich einen Platz im Raum, der ihnen angenehm ist, und setzen/legen sich dort auf ihre mitgebrachten Decken/Isomatten.
L. spricht die folgenden Anweisungen langsam, mit viel Ruhe und längeren Pausen, damit die Teilnehmer/-innen auf die Ruhephase eingestimmt werden und sich darauf einlassen können.

L.: Wir wollen uns ganz bewusst machen, dass wir jetzt Zeit haben.
Wir haben nichts anderes vor, als hier zu sein und uns diese Zeit für Ruhe jetzt zu gönnen. Damit es auch wirklich eine Zeit der Ruhe wird, versuchen wir, ganz ruhig und still zu werden. Wir atmen tief ein und aus.

Gibt den Teilnehmer/-innen Zeit, die Anweisungen auszuführen.

Wir lassen uns ganz schwer werden, und wer möchte, schließt die Augen.
Wir schauen unsere Gedanken an. Wir halten keinen fest. Wie Wolken am Himmel lassen wir sie kommen und gehen.

Wir haben jetzt Zeit. Zeit, um in Gedanken eine Reise zu machen. Wir reisen miteinander in eine kleine Stadt. Dort gibt es eine Straße: die Stockberger Gasse. Wir gehen sie entlang. Rechts und links von der Straße stehen große Bäume. Der Bürgersteig ist mit alten Steinen gepflastert. Wir müssen aufpassen, dass wir nicht stolpern. Ein bisschen weiter vor uns sehen wir ein Geschäft. Über der Eingangstür hängt ein Schild und darauf steht »Krauses Supermarkt«.
Wir gehen in den Laden hinein. Ein netter, kleiner, älterer Herr kauft gerade dort ein. Aber er scheint sich über irgendetwas zu ärgern. Wir gehen näher, weil uns interessiert, was los ist. Wir beschließen, den netten, kleinen, älteren Herrn ein bisschen zu begleiten …

Geschichte: Herr Hämmerling und die Weihnachtskrankheit

Spätestens als Herrn Hämmerling beim ersten Einkaufen nach dem Sommerurlaub Schoko-Nikoläuse im Regal von Krauses Supermarkt entgegenlächelten und Paletten voller Lebkuchen, Spekulatius und Marzipan die Gänge versperrten, war klar: In diesem Jahr würde Herr Hämmerling kein Weihnachtfest feiern. Weihnachten würde ohne ihn stattfinden. Er würde einfach so tun, als gäbe es Weihnachten nicht.
Schon lange ärgerte sich Herr Hämmerling über den Rummel, der um das Fest gemacht wurde. Noch schlimmer war allerdings, dass er es bisher noch nie geschafft hatte, sich dem Weihnachtstrubel zu entziehen. Wie die Grippewelle jedes Jahr mit hartnäckiger Regelmäßigkeit Tausende von Menschen erfasste und für tränende Augen und rote Schnupfennasen sorgte, so wirkungsvoll und verlässlich griff alle Jahre wieder auch das Weihnachtsvirus um sich. Es infizierte die Menschen meistens schon, wenn Weihnachten noch in weiter Ferne war. Die vom Weihnachtsvirus befallenen Menschen zeigten äußerlich keine Anzeichen einer Krankheit. Sie sahen ganz normal und so wie sonst aus. Aber sie benahmen sich völlig anders. Je näher das Fest rückte, umso mehr verfielen sie in eine merkwürdige und hektische Geschäftigkeit. So war es auch in diesem Jahr. Herr Hämmerling brauchte nur an seine Nachbarn im Haus Nr. 32 in der Stockberger Gasse zu denken:
Frau Fugler, zum Beispiel, redete auf einmal nur noch von Weihnachten. Sie zählte mindestens ein Dutzend verschiedene Plätzchensorten auf, die sie schon gebacken hatte. Die kleine Annika erzählte Herrn Hämmerling jeden Tag, welche neuen Wünsche ihr noch für ihren Wunschzettel eingefallen waren, und wen sie mit welchem selbst gebastelten Geschenk überraschen wollte. August Grobbe begeg-

nete Herrn Hämmerling voll beladen mit Päckchen und Tüten im Treppenhaus. Er stöhnte und jammerte, während er sich, vor Anstrengung keuchend, in den dritten Stock zu seiner Wohnung hinaufschleppte. Jedes Mal, wenn Herr Hämmerling bei Lingemanns vorbeikam, schallten dort laut und vernehmlich Weihnachtslieder durch die geschlossene Wohnungstür. Noch lauter und vernehmlicher trällerte und pfiff irgendjemand dazu. Frau Kessler putzte zum zweiten Mal in dieser Woche die Fenster im Wohnzimmer und ihr Mann trug bereits den dritten Stapel Weihnachtsglückwunschkarten zur Post.
Alle im Haus Nr. 32 in der Stockberger Gasse waren damit beschäftigt, das zu tun, was man eben vor Weihnachten so tut, wenn einen das Weihnachtsvirus erwischt hat. Alle, bis auf Herrn Hämmerling. Er hatte sich jedenfalls fest vorgenommen, sich in diesem Jahr nicht vom Weihnachtsvirus anstecken zu lassen. Und das war ihm bisher auch geglückt.
So kam es, dass in der Wohnung von Herrn Hämmerling auch am Tag vor dem Heiligabend noch immer nichts von Weihnachten zu sehen war. Kein Adventskranz, keine Kerzen, kein Weihnachtsbaum – nichts deutete darauf hin, dass am nächsten Tag Weihnachten sein würde. Abends saß Herr Hämmerling noch ein wenig vor dem Fernseher und sah sich einen Film an. Danach legte er sich schlafen.
Am Morgen des Heiligen Abends öffnete Herr Hämmerling vorsichtig die Augen. Erleichtert stellte er fest, dass er immer noch keine Weihnachtsstimmung und keine Vorfreude auf Weihnachten verspürte. Für ihn war heute nicht Heiligabend, sondern ein ganz gewöhnlicher Freitag. Er reckte und streckte sich noch ein wenig im wohlig warmen Bett. Dann stand er auf und zog sich seinen Morgenmantel über. In der Küche kochte er sich Kaffee zum Frühstück. Er holte sich die Zeitung aus dem Briefkasten und setzte sich mit seinem Kaffee und den neuesten Nachrichten aus aller Welt an den Tisch. Natürlich war die Zeitung neben den normalen Berichten voll von Weihnachtsbildern und Weihnachtsrätseln und Weihnachtsgeschichten. Da aber für Herrn Hämmerling nicht Weihnachten war, legte er die Zeitung beiseite und schlürfte genussvoll seinen Kaffee.
Er blieb noch eine Weile am Tisch sitzen und schaute zum Fenster hinaus. Draußen hatte es angefangen zu schneien. Dicke, weiße Flocken schwebten vom Himmel auf die Erde und überzogen die Dächer, die Bäume und die ganze Stockberger Gasse mit einer puderigen Schneehaube.
Herr Hämmerling sah auf die Straße hinunter. Dort war jetzt am frühen Morgen schon erstaunlich viel los: Autos fuhren Stoßstange an Stoßstange vorbei. Viele Menschen waren unterwegs und hatten es sehr eilig. Vormittags an Heiligabend hatten die Leute immer die meiste Arbeit, mit all dem, was noch für das Weihnachtsfest erledigt werden musste: einkaufen und das Festessen vorbereiten und alles weihnachtlich schön machen.

»Wie gut, dass ich mit alledem diesmal nichts zu tun habe und dass bei mir ein ganz normaler Freitag ist«, murmelte Herr Hämmerling vor sich hin.
Den ganzen Tag über machte er das, was er freitags sonst auch immer machte, wenn nicht Heiligabend war: Er wusch seine Wollsocken und brachte den Müll hinunter. Dann schrubbte er den Küchenfußboden mit viel Wasser und Schmierseife und wischte ihn anschließend wieder sorgfältig trocken. Er schälte Kartoffeln und Möhren für das Mittagessen und kochte einen Eintopf daraus. Als Nachtisch schob er sich ein Stück Schokolade in den Mund, das er im Küchenschrank gefunden hatte.
Unterdessen fiel Herrn Hämmerling ein, dass die Kleiderschranktür im Schlafzimmer schon lange repariert werden musste. Er holte seinen Werkzeugkasten und machte sich an die Arbeit. Es fing schon an zu dämmern, als er damit fertig war und den Schraubenzieher und den Handbohrer zurück in den Werkzeugkasten legte.
Plötzlich stutzte Herr Hämmerling. Er merkte mit einem Mal, dass irgendetwas seltsam anders war als sonst. Er brauchte einen Moment lang, um herauszufinden, woran es lag. Natürlich! Das war es: Es war so ruhig und still überall! Im ganzen Haus war nur noch das leise Gluckern der Heizung zu hören. Wo waren denn die Nachbarn?
War er etwa ganz allein im Haus?
»Ach so! Lingemanns sind ja in Urlaub gefahren«, fiel es Herrn Hämmerling auf einmal wieder ein. »Fuglers sind mit Annika zum Krippenspiel gegangen und wollen danach die Oma besuchen. Kesslers sind bei ihren Kindern eingeladen, und Herr Grobbe feiert bei seinen Freunden.«
Deshalb war es im Haus also so ruhig!
Aber auch von draußen drangen keine Geräusche hinauf in die Wohnung wie sonst. Keine Schritte, keine Stimmen waren zu hören. Nicht einmal das leise Brummen eines vorbeifahrenden Autos. Komisch! Herr Hämmerling ging zum Fenster und schaute hinaus. Was für ein Unterschied zu heute Morgen! Nicht ein einziges Auto fuhr die Stockberger Gasse entlang und weit und breit war kein Mensch zu sehen außer – seinem eigenen Spiegelbild in der Fensterscheibe. Langsam beschlich ihn das Gefühl, dass dieser Freitag doch kein ganz gewöhnlicher war.
Herr Hämmerling hatte auf einmal keine Lust mehr, ganz allein im Haus zu bleiben. Er wollte einen Spaziergang durch die frisch verschneiten Straßen machen und sich den Winterwind um die Nase wehen lassen. Er zog noch ein Paar dicke Socken über und schlüpfte in seine warmen Winterstiefel. Aus dem Schrank holte er den braunen Mantel und seine Strickmütze und wickelte sich den gestreiften Schal um den Hals. Ein Paar Handschuhe fand er noch in der Schublade von seinem Nachttisch.

»Ich bin so dick verpackt wie ein Weihnachtspäckchen«, dachte Herr Hämmerling, als er auf die Straße trat. Er pflügte sich langsam durch den Schnee, der mittlerweile in einer dicken Schicht auf dem Bürgersteig lag.
»Die weihnachtskranken Leute haben jetzt anderes zu tun als Schnee zu schippen«, dachte der einsame Spaziergänger.
Herr Hämmerling blickte sich in der Straße um. In den hell erleuchteten Fenstern waren Weihnachtsbäume mit glitzernden Kugeln in Gold, Rot oder Silber zu sehen. Unzählige kleine Lichter ließen die Weihnachtsbäume prächtig erstrahlen. In den Wohnungen brannten kleine und große Kerzen vor den Fenstern und auf den Tischen und warfen ein warmes, gemütliches Licht auf die Straße. Herr Hämmerling hörte Kinder lachen und aufgeregt erzählen. Er sah, wie sich Menschen Päckchen überreichten, sich umarmten und fröhlich unterhielten.
Ob sie das nur taten, weil sie vom Weihnachtsvirus weihnachtskrank geworden waren?
»Sie sehen aber eigentlich ganz glücklich dabei aus!«, sagte Herr Hämmerling laut und verwundert. Er konnte es ruhig laut sagen, denn es war sowieso niemand sonst auf der Straße, der es hätte hören und sich darüber hätte wundern können, dass er mit sich selbst sprach.
Herr Hämmerling war so damit beschäftigt, über die eigenartige Weihnachtskrankheit nachzudenken, dass er gar nicht darauf achtete, wohin er ging.
Plötzlich stand eine Litfasssäule vor ihm. Herr Hämmerling war so in Gedanken, dass er beinahe mit ihr zusammengestoßen wäre. Nur ein einziges Plakat hing an der Litfasssäule. Darauf stand in großen Buchstaben geschrieben: Frohe Weihnachten!
»Kaum zu glauben! Egal, wohin ich sehe, und wohin ich gehe: Überall begegnet mir Weihnachten!«, sagte Herr Hämmerling kopfschüttelnd. »Am besten gehe ich wieder nach Hause zurück, bevor ich mich am Ende doch noch mit der Weihnachtskrankheit anstecke.«
Als er gerade vor dem Haus Nr. 32 in der Stockberger Gasse stand und nach seinem Schlüssel suchte, da kamen Fuglers um die Ecke.
»Herr Hämmerling, Herr Hämmerling«, rief die kleine Annika aufgeregt. »Wir waren gerade bei der Oma!« Und dann erzählte sie, fast ohne Luft zu holen, was sie dort an diesem Heiligen Abend erlebt hatte.
»Bevor wir hier draußen zuschneien, wollen wir lieber ins Haus gehen«, sagte Herr Fugler freundlich, als Annika gerade eine kleine Pause machte. »Wenn Sie möchten, lieber Herr Nachbar, kommen Sie doch noch ein bisschen mit zu uns. Wir würden uns freuen. Und Annika kann Ihnen unseren Weihnachtsbaum zeigen.«
Weil er sich gerade ein bisschen einsam vorkam und nicht sofort in seine leere Wohnung gehen wollte, nahm Herr Hämmerling die Einladung gern an.

Bei Fuglers war es warm und gemütlich. Im Wohnzimmer hatten sie einen Weihnachtsbaum aufgestellt. Seine Spitze reichte fast bis zur Decke. Er war über und über mit verschiedenen großen Strohsternen und roten Kugeln behangen.
Und unter dem Weihnachtsbaum war noch etwas: ein kleiner Stall. Darin lagen auf Heu und Stroh ein Ochse und ein Esel. Eine Frau und ein Mann standen dort neben einer Futterkrippe. Vor dem Stall waren Schafe und Hirten.
»Da fehlt aber überhaupt noch das Allerwichtigste«, sagte Annika und ging aus dem Zimmer.
Einen kurzen Augenblick später kam Annika langsam zurück ins Zimmer. Sie hielt etwas in ihrer Hand. Etwas Kleines und Kostbares musste es sein. Das merkte man daran, wie vorsichtig Annika es trug. Sie kniete sich vor den kleinen Stall. Dann streckte sie die Hand aus und legte das Etwas in die leere Krippe. Jetzt konnte Herr Hämmerling es erkennen. Es war das Jesuskind.
»Heute ist Jesus geboren«, erklärte Annika. »Und nur deshalb gibt es überhaupt Weihnachten und die Geschenke und das alles.« Und dann berichtete Annika vom Krippenspiel, das sie zusammen mit ihren Eltern und mit Oma angesehen hatte. Annika erzählte die ganze Geschichte von Maria und Josef: Wie sie wegen Kaiser Augustus nach Betlehem gehen mussten, dass sie dort kein Zimmer fanden, und wie Jesus schließlich in einem Stall auf die Welt kam und in einer Futterkrippe liegen musste.
»Und dann kamen ganz viele Engel zu den Hirten und haben gerufen: Ehre sei Gott in der Höhe und Friede den Menschen auf Erden!«, sagte Annika zum Schluss.
Erst war es ganz still im Zimmer. Dann räusperte sich Herr Hämmerling. Und er schämte sich auch ein wenig. Es war schon eine Weile her, dass er das letzte Mal an diese alte Geschichte aus der Bibel gedacht hatte. Er hatte sie doch tatsächlich vergessen. Deshalb hatte er auch nichts mehr mit Weihnachten anfangen können. Wie gut, dass die kleine Annika ihn wieder an die Weihnachtsgeschichte erinnert hatte. Nun wusste Herr Hämmerling auf einmal wieder, warum heute eben kein ganz gewöhnlicher Freitag war, und darüber wurde ihm ganz warm und wirklich weihnachtlich zumute.
Und plötzlich war Herrn Hämmerling auch klar, was es mit der Weihnachtskrankheit auf sich hatte: Wenn die Menschen vor lauter Weihnachtsvorbereitungen nicht mehr an Jesus dachten, dann wurde, je nachdem, wie man es sah, zu viel oder zu wenig Weihnachten daraus. Und das machte die Menschen nicht froh und glücklich. Aber das lag ja nicht an Weihnachten!
Herr Hämmerling blieb noch eine Weile bei den Fuglers, und als er schließlich die Treppe zu seiner Wohnung hinaufstieg, standen Annika und Frau und Herr Fugler unten im Flur und riefen ihm »Frohe Weihnachten!« hinterher. Herr Hämmerling lächelte. »Ja«, dachte er und nickte vor sich hin. »Frohe Weihnachten!«

Und er wusste ganz genau, dass der Heiligabend im nächsten Jahr kein ganz gewöhnlicher Tag für ihn sein würde.

Brigitta Krämer

L.: Nun waren wir lange genug bei Herrn Hämmerling. Es wird Zeit, dass wir wieder nach Hause gehen. Wir verlassen das Haus in der Stockberger Gasse 32 und machen uns auf den Heimweg, bis wir wieder hier angekommen sind. Wir recken und strecken uns mal ganz kräftig, ballen die Hände zu Fäusten und öffnen sie wieder. Dann machen wir die Augen wieder auf.

Abschlussrunde und Verabschiedung

L.: Nun sind wir wieder hier angekommen und unser Nachmittag geht zu Ende. Wir wünschen uns allen noch eine schöne restliche Adventszeit, in der wir uns ab und zu an Herrn Hämmerling und die Weihnachtskrankheit erinnern. Und damit wir nicht von der Weihnachtskrankheit angesteckt werden, möchten wir euch und Ihnen zum Schluss gern noch ein Lied mit nach Hause auf den Weg geben: Zeit für Ruhe, Zeit für Stille.

Lied

Zeit für Ruhe, Zeit für Stille (Tr 848)

Brigitta Krämer/Carla Renner-Schäfftlein

Das große Weihnachts-Chaos-Spiel
Start
Ziel

Weihnachtsgottesdienst

Ich spiele dir mein Lied

Vorüberlegungen

Wie wird der von den Menschen schon so lange erwartete neue König kommen? Als König mit Reichtum und viel Macht? Um diese Frage geht es in dem Anspiel in diesem Gottesdienst. Ein kleiner Hirtenjunge erkennt an der Krippe, dass ein neugeborenes Kind ihn viel reicher macht als Schätze wie Gold und Silber.

Einsatzmöglichkeiten

Der Gottesdienst ist als Weihnachtsgottesdienst konzipiert. Die Hirtengeschichte kann entweder mit verteilten Rollen gesprochen werden oder aber mit einer Diaserie (»Das Hirtenlied«, Max Bolliger, Impuls-studio, München; in vielen Diözesanbibliotheken erhältlich) begleitet werden.

Materialien

- *vier große Kerzen, möglichst vom Adventskranz*
- *Lichter für alle Kinder*
- *evtl. Diaserie, »Das Hirtenlied«*

Darsteller/-innen:

- *Erzähler/-in*
- *Samuel*
- *Großvater*
- *Engel*

Einzug

Orgel- oder Instrumentalmusik

Kinder ziehen mit Lichtern in die dunkle Kirche ein.

Lied

Das Licht einer Kerze

Bei jeder Strophe zündet ein Kind eine Kerze an und stellt sich damit in den Altarraum.

2. Wir zünden zwei Kerzen jetzt am Adventskranz an. Und die beiden Kerzen sagen's allen dann: Lasst uns alle hoffen hier und überall,
hoffen voll Vertrauen auf das Kind im Stall.

3. Es leuchten drei Kerzen so hell mit ihrem Licht. Gott hält sein Versprechen. Er vergisst uns nicht. Lasst uns ihm vertrauen hier und überall.
Zeichen seiner Liebe ist das Kind im Stall.

4. Vier Kerzen hell strahlen durch alle Dunkelheit. Gott schenkt uns den Frieden. Macht euch jetzt bereit. Gott ist immer bei uns hier und überall.
Darum lasst uns loben unsern Herrn im Stall.

Text: Rolf Krenzer
Musik: Peter Janssens
Aus: Ich schenke dir einen Sonnenstrahl

Begrüßung und Einführung

Wir feiern miteinander den Heiligen Abend, die Heilige Nacht. Wir loben den Herrn, der im Stall, im kalten Stall unserer Welt, geboren ist. Das Kind im Stall ist das Zeichen der Liebe Gottes, Gottes größtes Geschenk an uns. Seine Liebe wollen wir annehmen und das uralte Segenszeichen über uns machen und beginnen: Im Namen des Vaters …

Gebet

Guter Gott, wir feiern den Heiligen Abend, die Heilige Nacht, in der du uns Jesus, das Licht der Welt, geschenkt hast. Wir danken dir für dieses Zeichen deiner Nähe und Liebe. Alle Geschenke, die wir bekommen, wollen uns an das große Geschenk erinnern, an Jesus, den du uns als Heiland und Retter geschenkt hast. Lass uns deine Liebe, dein Licht und deinen Frieden zu den Menschen tragen, die in Dunkelheit und Not leben, damit Weihnachten wird bei uns und überall auf dieser Erde. Amen.

Kinder mit den Kerzen stellen sich an den Ambo.

Evangelium

»In jenen Tagen erließ Kaiser Augustus den Befehl, alle Bewohner des Reiches in Steuerlisten einzutragen. Dies geschah zum ersten Mal; damals war Quirinius Statthalter von Syrien. Da ging jeder in seine Stadt, um sich eintragen zu lassen.
So zog auch Josef von der Stadt Nazaret in Galiläa hinauf nach Judäa in die Stadt Davids, die Betlehem heißt; denn er war aus dem Haus und Geschlecht Davids. Er wollte sich eintragen lassen mit Maria, seiner Verlobten, die ein Kind erwartete. Als sie dort waren, kam für Maria die Zeit ihrer Niederkunft, und sie gebar ihren Sohn, den Erstgeborenen. Sie wickelte ihn in Windeln und legte ihn in eine Krippe, weil in der Herberge kein Platz für sie war.«

(Lukas 2,1–7)

Hirtengeschichte: Das Hirtenlied

Erzähler/-in:
In dem Land, in dem Jesus geboren wurde, lebten vor langer Zeit viele Hirten, die ihre Schafe Tag und Nacht hüteten. Jeden Abend saßen sie um das wärmende Feuer und erzählten sich ihre Lebens- und Glaubensgeschichten. Die ältesten Hirten, die schon viel erlebt hatten, konnten besonders gut erzählen.
Manchmal stand der alte Hirt lange da und schaute zu den Sternen hinauf. Neugierig stellte Samuel sich zum Großvater und sagte:

Samuel:
Großvater, sprichst du mit den Sternen? Erzählen sie dir etwas Besonderes?

Großvater:
Ja, er wird kommen!

Samuel:
Wann wird er kommen?

Großvater:
Bald!

Erzähler/-in:
Die anderen Hirten lachten den Großvater aus, wenn sie ihn so reden hörten. Aber dieser kümmerte sich nicht um den Spott. Er war sicher, dass der Erlöser, der Heiland, bald kommen werde.
Wenn die Hirten mit den Schafen unterwegs waren, dachte der alte Hirt immer an den Erlöser, an den Retter, der bald kommen sollte.

Großvater:
Samuel, es macht mich traurig, wenn ich spüre, dass die anderen Hirten mich auslachen und verspotten. Ich habe Sorge, dass du unsicher wirst und auch den neuen König nicht mehr erwartest. Wer soll die Botschaft der Sterne weitersagen, wenn ich sterbe? Du weißt, ich bin alt. Käme er doch bald! Ich erwarte ihn. Ich sehne mich danach, den Retter zu sehen. Alle, die mich auslachen, erwarten den Messias, den Erlöser der Welt, den neuen König, nicht.

Samuel:
Wird er eine goldene Krone tragen?

Großvater:
Ja!

Samuel:
Und ein silbernes Schwert?

Großvater:
Ja!

Samuel:
Und einen goldenen Mantel?

Großvater:
Ja! Ja!

Erzähler/-in:
Samuel war zufrieden. Nachts träumte er vom neuen König, wie er durch den Nachthimmel jagt. Am nächsten Tag spielte Samuel wieder auf seiner Flöte.

Großvater:
Samuel, du kannst gut auf deiner Flöte spielen! Du spielst von Mal zu Mal reiner und schöner. Ich höre gerne zu, wenn du auf deiner Flöte spielst. Niemand spielt so gut wie du! Niemand kann dein Lied spielen!

Samuel:
Ich will den neuen König mit meinem Flötenspiel begrüßen. Darum übe ich jeden Tag, jeden Morgen und jeden Abend. Ich erwarte ihn. Wenn er kommt, will ich bereit sein und ihm mein schönstes Lied spielen.

Großvater:
Würdest du auch für einen König spielen, der ohne Krone, ohne Schwert, ohne Goldmantel kommt?

Samuel:
Nein! Niemals! Wie soll ein König ohne Krone, ohne Schwert, ohne Goldmantel mich für mein Lied beschenken? Ich möchte, dass der neue König mich ganz reich macht.

Großvater:
Du erwartest von ihm Gold, Silber und Edelsteine?

Samuel:
Ja! Und alle, die dich jetzt auslachen, sollen staunen und neidisch werden.

Erzähler/-in:
Manchmal saß der alte Hirt traurig und unsicher beim Feuer.

Großvater:
Ob es stimmt, was ich dem Kind vom neuen König erzählt habe? Wird er kommen? – Und wann wird er kommen? Wie kann Gott auf diese Welt kommen? Ob er als Kind kommt? Oder wird er stark und mächtig kommen auf den Wolken des Himmels? Wird er arm oder reich sein? Bestimmt kommt er ohne Krone, ohne Schwert, ohne Goldmantel – doch mächtiger als alle anderen Könige. Wie soll ich das Samuel begreiflich machen?

Erzähler/-in:
Eines Nachts leuchteten die Sterne heller als sonst. Über der Stadt Betlehem stand ein großer leuchtender Stern.

Großvater:
Samuel, schau, das ist er, der große Stern, das große Licht, das unsere dunkle Welt, unser dunkles Leben hell macht und gut.

Erzähler/-in:
Und dann hörten alle die Stimmen von Engeln, die sangen:

Engel:
Fürchtet euch nicht! Euch ist heute der Heiland geboren, Christus, der Herr!

Erzähler/-in:
Großvater und Samuel hörten gar nicht weiter zu. Sie machten sich mit den anderen Hirten sofort auf den Weg. Samuel lief allen voran. Unter dem Fell auf seiner Brust spürte er die Flöte. Er lief, so schnell er konnte.

Samuel:
Der Stern bleibt stehen! Es ist der Messias-Stern! Ich sehe sein Licht. Licht leuchtet in der Dunkelheit auf! Was ist das für ein Licht?

Erzähler/-in:
Samuel stand als Erster an der Krippe und starrte enttäuscht auf das Kind. In Windeln gewickelt lag das Kind in der Krippe. Ein Mann und eine Frau sahen es froh und staunend an.
Die anderen Hirten kamen in den Stall, fielen vor dem Kind auf die Knie und beteten es an. Auch Großvater betete das Kind an. Samuel war enttäuscht!

Samuel:
Ist das der König, von dem Großvater erzählt hat? Nein, das muss ein Irrtum sein! Niemals spiele ich hier mein Lied!

Erzähler/-in:
Samuel fühlte sich betrogen. Der Himmel war nicht offen. Engel schwebten nicht über dem Stall. Er hörte nur das arme Kind weinen. Er hielt sich die Ohren zu. Er wollte es nicht hören. Er drehte sich um und lief davon. Doch das Weinen des Kindes verfolgte ihn. Es ging ihm zu Herzen, zog ihn zurück zur Krippe.
Da stand er nun zum zweiten Mal an der Krippe. Er sah, wie Maria und Josef und auch die Hirten erschrocken das weinende Kind zu trösten versuchten. Vergeblich!

Samuel:
Was fehlt dem Kind?

Erzähler/-in:
Alle schauten Samuel hilflos an. Da konnte er nicht anders, er zog die Flöte aus dem Fell und spielte sein Lied. Das Kind wurde still. Der letzte, leise Schluchzer verstummte. Das Kind schaute den kleinen Hirten an und lächelte. Da wurde dieser froh und spürte, wie das Lächeln des Kindes ihn viel reicher machte als Gold und Silber.

Nach einer Idee von Max Bolliger

Lied

Engel auf den Feldern singen (siehe S. 35)

Ansprache

Das Lied des Hirtenjungen ist bis zu uns gedrungen. Es hat die Menschen aller Jahrhunderte angesteckt, an Weihnachten zu singen und auf ihren Instrumenten zu spielen. Weihnachten singen, spielen und beten Menschen, die es sonst nicht tun. Das ist gut so! Mit Samuel können wir unserem Herzen Töne und Melodien entlocken, die in uns schlummern. In uns allen schläft ein Lied, eine Melodie, die nur wir singen oder spielen können. In uns allen ist ein Reichtum verborgen: Worte, Bilder, Melodien, Gesänge, Töne, die nur wir alleine ausdrücken, aussagen, spielen und singen können. Bringen wir unsere Gaben ins Leben ein und spielen wir das Lied unseres Lebens vor Gott. Wer wie Samuel vor dem Kind in der Krippe seinem Leben die schönsten und reinsten Töne entlockt, der wird spüren, dass ihn das froher und reicher macht als alle anderen Geschenke. Singen und spielen wir das Lied unseres Lebens vor dem Kind, dann machen wir es wie Gott, dann werden wir Mensch und spüren, wie Gott uns durch das Kind anlächelt.

Flötenspiel (eines Kindes)

Fürbitten

Wir bitten um Licht für alle, die Gott ganz anders erwarten, die Jesus deshalb nicht an- und aufnehmen wollen:

- Gott, viele Menschen möchten, dass du groß und mächtig in unsere Welt kommst. Du aber kommst klein und schwach in einem Kind, das im Stall geboren wird. Öffne ihnen die Augen, dass sie dich in den Kleinen und Schwachen erkennen.
- Gott, du kommst als Licht in unsere Dunkelheit. Du vertreibst nicht alles Böse, Traurige und Dunkle aus der Welt. Du zeigst uns aber einen Weg durch die Dunkelheit ins Licht. Lass alle, die traurig, enttäuscht und wütend sind, einen Weg zu dir finden.
- Gott, viele Menschen erwarten große Geschenke von dir. Du aber kommst arm in diese Welt. Mache alle bereit, dir ihre Gaben zu bringen, damit du ihnen deine Liebe und Nähe schenken kannst.
- Gott, in uns gibt es Worte, Melodien und Bilder, die nur wir alleine ausdrücken können. Lass uns erkennen, welcher Reichtum in uns liegt und lass uns vor dir das Lied unseres Lebens singen und spielen.
- Gott, lass alles, was wir bringen, Zeichen unserer Liebe zu dir sein.

Ja, Gott, schenke uns dein Licht heute und in Ewigkeit. Amen.

Lied

Zu Betlehem geboren (GL 140)

Gabengebet

Jesus, du schenkst uns nicht Silber und Gold, sondern dich selbst in kleinen und geringen Zeichen. Nimm uns mit Brot und Wein an und verwandle uns in Menschen, die deinen Frieden, deine Liebe und dein Licht annehmen und weitergeben, damit Weihnachten wird überall auf dieser Erde. Amen.

Präfation

Es ist gut und richtig, dir, menschenfreundlicher Gott, zu danken für deine Güte und Liebe, die du uns geschenkt hast durch Jesus, deinen Sohn. Er ist dein schönstes Geschenk an uns. Wir danken dir, dass du arm und klein in diese Welt gekommen bist. Wir alle dürfen zu dir kommen und vor dir das Lied unseres Lebens spielen. Das ist wunderbar. Wir danken dir für den Reichtum, der in uns schlummert, der uns hilft, so zu werden, wie du uns willst. Mit allen, die sich über deine Geburt freuen, singen wir zu deinem Lob:

Sanctus

Heilig, heilig (GL 510)

Danklied

Licht auf meinem Weg (Tr 497)

Schlussgebet

Wir glauben dir, Herr Jesus Christ, dass du uns Weg und Bruder bist.
Wir glauben dir, Herr Jesus Christ, dass du die Liebe Gottes bist.
Wir glauben dir, Herr Jesus Christ, dass du das Heil für alle bist.

Gott, wir danken dir, dass Weihnachten geworden ist. Wir danken dir für das Geschenk deiner Nähe und Liebe, für Jesus, deinen Sohn. Wir danken dir dadurch, dass wir einander beschenken und deine Liebe weitergeben an alle, die einsam, krank, traurig, hungrig und alt sind. Lass uns einander lieben, damit Jesus durch unsere Liebe geboren wird in dieser Welt heute und an allen Tagen. Amen.

Lied

Stille Nacht (GL 145)

Heriburg Laarmann

Gottesdienst mit den Sternsingern

Kumpane Gottes

Vorüberlegungen

Jahr für Jahr ziehen die Kinder als Sternsinger verkleidet zwischen Neujahr und dem Fest der Erscheinung des Herrn von Tür zu Tür und sammeln für notleidende Kinder. Sie schenken und teilen mit diesen Kindern ihre Zeit, indem sie bei Wind und Wetter für sie losziehen.
In diesem Gottesdienst wird der Begriff des »Kumpels«, des »Kumpans« aufgegriffen, der den Kindern aus ihrer Alltagssprache geläufig ist. Kumpanen sind Menschen, die mit anderen das Brot teilen. So bekommt dieser Ausdruck in Verbindung mit der Sternsinger-Aktion eine neue Bedeutung.

Einsatzmöglichkeiten

Der Gottesdienst wird zum Abschluss der Sternsinger-Aktion gefeiert.
Zu Beginn ziehen alle Sternsinger, die in den vorangegangenen Tagen von Tür zu Tür gezogen sind, zusammen mit den Messdienern und dem Priester ein.

Lied der Sternsinger

Wir kommen daher aus dem Morgenland

2. Es führt uns der Stern zur Krippe hin,
wir grüßen dich, Jesus, mit frommem Sinn.
Wir bringen dir unsre Gaben dar:
Weihrauch, Myrrhe und Gold fürwahr!

3. Wir bitten dich: Segne nun dieses Haus
und alle, die gehen da ein und aus!
Verleihe ihnen zu dieser Zeit
Frohsinn, Frieden und Einigkeit!

4. Wir tun die geweihte Kreide herfür:
Nun lasst uns schreiben an eure Tür!
So wünschen wir euch ein gesegnetes Jahr:
Kaspar, Melchior und Balthasar.

Text: Maria Ferschl
Musik Heinrich Rohr

Begrüßung

Liebe Sternsinger! Vom 1. Januar *(entsprechendes Datum nennen)* bis heute seid ihr in unserer Gemeinde unterwegs, um in die Wohnungen Gottes frohe Botschaft zu bringen, dass er Mensch geworden ist, unser aller Bruder. Gleichzeitig habt ihr deutlich gemacht, dass dieser Gott ein Gott der Menschen ist, der Anteil nimmt am Leben der Menschen, besonders der Armen, der Kranken und Vergessenen. Ihr habt auch gesammelt für die Kinder in *(Land/Gebiet nennen)* und dieses gesammelte Geld bringt ihr heute hierher in den Gottesdienst als eure Gabe.
Bei der Gabenbereitung legt ihr es vor dem Altar nieder. Ihr bringt es Jesus, der mit allen Menschen teilt, sich selbst austeilt und verschenkt. So wollen wir alle hier eure Botschaft hören!

Kurzes Anspiel der Sternsinger

Sternträger:
Grüß Gott, ihr Leut von fern und nah,
die Sternsinger sind wieder da.

Sie treten ein bei Arm und Reich,
denn vor dem Herrn sind alle gleich.
Sie wollen künden euch von dem,
was einst geschah zu Betlehem,
als über Meer und Wüstensand
die Weisen kamen vom Morgenland.
Sprich, Kaspar, wie es damals war!

Kaspar:
Wir reisten fast ein halbes Jahr,
wir zogen mit Kamel und Ross,
der lange Weg uns nicht verdross.
Es gab der Stern uns treu Geleit,
da wussten wir über den Weg Bescheid,
und als der Stern dann stille stand,
da waren wir im Heiligen Land.

Sternträger:
Nun, Melchior, gib den Bericht!

Melchior:
Wir zogen weiter mit Zuversicht.
Da blieb der Stern auf einmal aus.
Wir standen vor Herodes Haus
und fragten ihn dann frank und frei,
wo denn der neugeborene König sei.
Jedoch – er wusst es selber nicht,
und plötzlich war es weg – das Licht.

Sternträger:
Nun, Balthasar, gib den Bescheid,
wie ihr zum Kindlein gekommen seid.

Balthasar:
Als ich hinauf zum Himmel sah,
da war der Stern auch wieder da,
und er zog vor uns her ganz groß und rund,
bis überm Stall er stille stund.
Da waren wir von Herzen froh,
es lag das Kind auf Heu und Stroh.

Da haben wir uns hingekniet
und stimmten an ein frohes Lied:

Alle Sternsinger treten vor, singen gemeinsam das Lied, die Gemeinde singt dazu nach Möglichkeit den Refrain.

Lied

(Von der jeweiligen Sternsingeraktion.)

Gebet

Gott, dein Sohn Jesus Christus kam zu uns als Mensch. Er hat in den Begegnungen mit uns Menschen gezeigt, dass du ein Gott bist, der unsere Sehnsucht nach Leben stillen kann. Und doch macht er sich klein wie ein Kind, um sich finden zu lassen von allen, die ihn suchen. Gib, dass in diesen Tagen durch unsere Sternsingerinnen und Sternsinger viele Menschen offen geworden sind für deine Botschaft, dass du unser aller Bruder geworden bist. Darum bitten wir durch Jesus, unseren Herrn und Bruder, der mit dir lebt und liebt in Ewigkeit. Amen.

Lesung

»Auf, werde licht denn es kommt dein Licht und die Herrlichkeit des Herrn geht leuchtend auf über dir.
Denn siehe, Finsternis bedeckt die Erde und Dunkel die Völker, doch über dir geht leuchtend der Herr auf, seine Herrlichkeit erscheint über dir.
Völker wandern zu deinem Licht und Könige zu deinem strahlenden Glanz.
Blick auf und schau umher: Sie alle versammeln sich und kommen zu dir. Deine Söhne kommen von fern, deine Töchter trägt man auf den Armen herbei.
Du wirst es sehen und du wirst strahlen, dein Herz bebt vor Freude und öffnet sich weit. Denn der Reichtum des Meeres strömt dir zu, die Schätze der Völker kommen zu dir.
Zahllose Kamele bedecken dein Land, Dromedare aus Midian und Efa. Alle kommen von Saba, bringen Weihrauch und Gold und verkünden die ruhmreichen Taten des Herrn.«

(Jesaja 60,1–6)

Lied

Stern über Betlehem (Tr 495)

Evangelium

»Als Jesus zur Zeit des Königs Herodes in Betlehem in Judäa geboren worden war, kamen Sterndeuter aus dem Osten nach Jerusalem und fragten: Wo ist der neugeborene König der Juden? Wir haben seinen Stern aufgehen sehen und sind gekommen, um ihm zu huldigen. Als König Herodes das hörte, erschrak er und mit ihm ganz Jerusalem. Er ließ alle Hohenpriester und Schriftgelehrten des Volkes zusammenkommen und erkundigte sich bei ihnen, wo der Messias geboren werden solle. Sie antworteten ihm: In Betlehem in Judäa; denn so steht es bei dem Propheten: Du, Betlehem im Gebiet von Juda, bist keineswegs die unbedeutendste unter den führenden Städten von Juda; denn aus dir wird ein Fürst hervorgehen, der Hirt meines Volkes Israel.
Danach rief Herodes die Sterndeuter heimlich zu sich und ließ sich von ihnen genau sagen, wann der Stern erschienen war. Dann schickte er sie nach Betlehem und sagte: Geht und forscht sorgfältig nach, wo das Kind ist; und wenn ihr es gefunden habt, berichtet mir, damit auch ich hingehe und ihm huldige.
Nach diesen Worten des Königs machten sie sich auf den Weg. Und der Stern, den sie hatten aufgehen sehen, zog vor ihnen her bis zu dem Ort, wo das Kind war; dort blieb er stehen. Als sie den Stern sahen, wurden sie von sehr großer Freude erfüllt. Sie gingen in das Haus und sahen das Kind und Maria, seine Mutter; da fielen sie nieder und huldigten ihm. Dann holten sie ihre Schätze hervor und brachten ihm Gold, Weihrauch und Myrrhe als Gaben dar.
Weil ihnen aber im Traum geboten wurde, nicht zu Herodes zurückzukehren, zogen sie auf einem anderen Weg heim in ihr Land.«

(Matthäus 2,1–12)

Predigt

Liebe Sternsingerinnen und Sternsinger! Liebe Schwestern und Brüder im Glauben! In der deutschen Umgangssprache gibt es das Wort »Kumpel«. Wisst ihr, was das heißt? Aber vielleicht ahnt ihr es schon. Das Wort »Kumpel« kommt von »Kumpan«, und das kommt aus dem Lateinischen; »con panis« bedeutet: ein Mensch, der mit mir durch das Brot verbunden ist. Wörtlich übersetzt heißt es

»Mitbrot«. Kumpane sind Menschen, die mit anderen das Brot teilen, die füreinander da sind, die sich in allen Lebenslagen helfen, die immer ein Stück Brot für einen anderen übrig haben. So einer ist Gott. Er hat in seinem Sohn Jesus von Nazaret deutlich gemacht, dass er ein Kumpan der Menschen ist. In Betlehem – im Haus des Brotes, so heißt nämlich Betlehem – ist er zur Welt gekommen. Er hat Brot nicht nur geteilt und verteilt, sondern er ist für uns alle zum Brot geworden; in der Eucharistiefeier will er sich uns in diesem Zeichen schenken.
Liebe Sternsingerinnen und Sternsinger! Auch ihr seid in den vergangenen Tagen »Kumpane« Gottes geworden und gleichzeitig auch zu Kumpanen all der Kinder in der Welt, die in Not und Elend leben. Ihr seid von Haus zu Haus gezogen und habt für diese Kinder Geld gesammelt, damit sie das nötige Brot zum Leben haben. Mit dieser Botschaft vom »Brot, das die Menschen nährt,« habt ihr geworben, dass auch wir zu »Kumpane« Gottes werden. Vielleicht habt ihr nicht überall offene Türen und nicht immer offene Herzen vorgefunden. Vielleicht seid ihr auch mitleidig bespöttelt worden. Aber ihr habt euch nicht abhalten lassen, »Kumpane« Gottes zu sein. Aber andererseits habt ihr gewiss auch erfahren können: Kranke, alte und gebrechliche Menschen haben auf euren Besuch gewartet, ihre Augen strahlten, wenn ihr von der Liebe Gottes zu uns Menschen gesungen habt. Ihr habt ihnen diese wunderbare Botschaft vermittelt: Gott ist euer Kumpan – euer Mitbrot – einer, der weiß, was ihr seid und was ihr braucht. So wie er sich verteilt, austeilt an uns Menschen, so habt ihr die Menschen gebeten, mit ihm das Brot zu teilen, damit Menschen in Not und Elend leben können. Danke! Danke für euer Beispiel!
Liebe Schwestern und Brüder im Glauben! Ja, diese Sternsingerinnen und Sternsinger haben uns allen ein Beispiel gegeben. Sie haben uns gezeigt: Nur das Brot, das wir miteinander teilen, wird uns innerlich satt machen, zufrieden und glücklich sein lassen. Wo wir nicht solidarisch sind, wo uns das Leid unserer Mitmenschen gleichgültig ist, wo uns der Hunger der Kinder nicht mehr zu Herzen geht, da ist unser Herz kalt und starr, wir sind herz- und gefühllos. Gott aber ist es zu Herzen gegangen, er hat sich unser aller erbarmt. Er ist unser aller Kumpan geworden, damit wir alle zu Kumpanen der Menschen werden.

Gabenbereitung

Es treten die »Schatzmeister« mit ihren Kassen vor und sprechen:

Wir bitten euch nun froh zu teilen,
hinweg über Grenzen, weit über Meilen.
Damit dort Kinder leben können,

auch jene, die wir gar nicht kennen,
erbitten wir von euch 'ne Spende.
Drum öffnet willig eure Hände!

Die »Schatzmeister« sammeln die Kollekte ein.

Lied zur Gabenbereitung

Hört, es singt und klingt mit Schalle (GL 139)

Gebet

Gott, mit diesen Gaben von Brot und Wein bringen die Sternsinger all das, was sie in deinem Namen für die Menschen gesammelt haben. Wir alle haben dazu beigesteuert.
Nimm mit diesen Gaben all die Mühen der Sternsinger und auch unsere Bereitschaft an, das Brot mit anderen zu teilen. So hast du es selbst getan, und so ist auch dein Sohn für uns alle zum Brot des Lebens geworden. Amen.

Sanctus

Nun freut euch, ihr Christen, 1. und 4. Str. (GL 143)

Friedensgruß

Ein »Kumpan« Gottes teilt Freude und Leid. Er teilt Brot mit den anderen, damit auch er zufrieden sein kann. Wenn wir so miteinander umgehen, dann wird auch Friede sein auf Erden und Gott wird die höchste Ehre zuteil:
Der Friede des Herrn …

Lied nach der Kommunion

Stern über Betlehem (Tr 495)

Segensspruch der Sternsinger

Habt Dank, liebe Leut',
ihr gabt gut und gern,
drum soll euch gegeben
der Segen des Herrn.

Segen

Ja, so segne euch, die Sternsingerinnen und Sternsinger, und Sie alle, die Gemeinde, der großzügige und liebende Gott, der Vater, der Sohn und der Heilige Geist.

Verabschiedung der Sternsinger

Kaspar, Melchior und Balthasar treten noch einmal vor und sprechen gemeinsam.

Wer Frieden hält im eignen Haus,
trägt Frieden in die Welt hinaus.
Es dankt euch heut die Sternsingerschar
und wünscht euch allen ein gutes Jahr,
Ihr Kaspar – Melchior – Balthasar.

Auszug

O du fröhliche, o du selige (Tr 485)

Johannes Steinbach

Geschichte

Jakob malt ein Weihnachtsbild

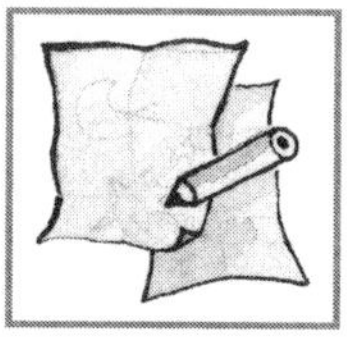

Vorüberlegungen

In dieser Geschichte will Jakob auch Jesus, dem eigentlichen Geburtstagskind, etwas schenken. Wo aber kann er Jesus finden? Mit einem selbstgemalten Bild läuft er zur Kirche, die jedoch abgeschlossen ist. Kurz entschlossen schenkt er das Bild einer alten Frau, die sich sehr darüber freut. In diesem Moment begreift Jakob, was Jesus gemeint hat, als er sagte: »Was ihr für einen meiner geringsten Brüder getan habt, das habt ihr mir getan« (Matthäus 25,40).

Einsatzmöglichkeiten

Weihnachten ist das Fest des Schenkens. Dabei rückt der inhaltliche Bezug der Weihnachtsbotschaft oft in den Hintergrund. Diese Geschichte kann eingesetzt werden, um in der Grundschule oder im Familiengottesdienst eine Brücke zwischen der heutigen Festkultur und der christlichen Botschaft zu schlagen.

Jakob zeichnet und malt für Weihnachten. Tante Helli wünscht sich eine Krippe mit Jesuskind, Esel und Ochs. Onkel Fritz wünscht sich Hirten auf dem Weg nach Betlehem. Die Oma hätte gern einen Engel, der freundlich dreinschaut und »Fürchtet euch nicht« sagt.

Jakob zeichnet eine Sprechblase vor den Mund des Engels und schreibt »Fürchtet euch nicht« hinein. Dann sagt er zu Katharina: »Jetzt hab' ich für jeden ein schönes Geschenk!«

»Nur für das Geburtstagskind noch nichts!«, sagt Katharina. »Für Jesus. Er hat zu Weihnachten Geburtstag. Eigentlich müsste man ihm etwas schenken!«

»Meinst du, er hätte Freude an einem Bild?«, fragt Jakob.

»Wenn es sehr schön und bunt ist – warum nicht?«, sagt Katharina.

Jakob nimmt ein neues Zeichenblatt. Er zeichnet einen Christbaum mit vielen Kerzen und Kugeln und Sternen in Fransenpapier. »Ich helf' dir«, sagt Katharina. Sie malt Tupfen und Sterne auf die Kugeln und um jede Kerze einen gelben Schein. »So«, sagt sie. »Jetzt bring ihm das Geschenk! Bring's ihm in die Kirche!« Jakob geht zur Kirche, aber das Tor ist verschlossen.

Jakob steht auf der Straße und überlegt, was er tun soll. Das Christbaumbild flattert im Wind. Jakob muss es mit beiden Händen halten. Eine alte Frau bleibt neben

ihm stehen. »So eine lustige, bunte Zeichnung«, sagt sie. »Das ist wohl ein Weihnachtsgeschenk?«
»Ja«, sagt Jakob. Und dann hält er der alten Frau die Zeichnung hin. »Ich schenk sie Ihnen!«
»Nein, so etwas!«, ruft die alte Frau. »So eine Überraschung, danke!«
Jakob rennt nach Hause. Katharina wartet schon auf ihn. »Na?«, fragt Katharina.
»Der Christbaum hat Jesus sehr gut gefallen«, sagt Jakob.
»Weißt du das bestimmt?«, fragt Katharina.
»Ja«, sagt Jakob. »Er hat's mir ausrichten lassen!«

Lene Mayer-Skumanz

Werde Mensch!

Jugendliche/Junge Erwachsene

Gottesdienst

Advent heißt: Türen öffnen

Vorbemerkungen

Wie ist das, wenn ich vor jemandem die Tür zuknalle? Wie kann ich die Tür wieder öffnen? Dieser Gottesdienst lässt die Teilnehmer mit allen Sinnen erfahren, wie laut und heftig eine Tür zugeknallt werden kann.
Advent ist die Zeit der Erwartung. Wir erwarten das Kommen Gottes. Wenn wir Gott zu uns kommen lassen wollen, müssen wir diese Türen wieder öffnen. Dabei haben wir die Gewissheit: Gott kommt uns entgegen.

Einsatzmöglichkeiten

Der Gottesdienst ist gedacht für eine noch überschaubare Gruppe, kann jedoch auch in einen spätabendlichen Gemeindegottesdienst integriert werden.
Im Kirchenraum werden viele Kerzen vorbereitet. Fünf besondere Kerzen werden bei dem Ort aufgestellt, an dem das Evangelienbuch auf bunten Tüchern aufliegt.
Der Kanon »Mache dich auf und werde licht« sollte vor der Liturgie geübt werden, damit er auswendig gesungen werden kann.
In der Kirche ist es zu Beginn finster. Nur diejenigen, die Gedanken vortragen, verwenden ein brennendes Teelicht zur entsprechenden Zeit.

Materialien

- *viele Kerzen*
- *Gong*
- *bunte Tücher, auf denen das Evangelienbuch liegt*
- *fünf größere Kerzen, die um das Evangelienbuch gestellt werden*

Stille erleben

Alle sitzen im verdunkelten Kirchenraum. Die Mitfeiernden werden eingeladen, auf die Schwingungen eines Gongschlages zu hören, bis sie verstummen. Es folgt eine nachhaltige Stille.

Kreuzzeichen

Lied

Mache dich auf und werde licht (siehe S. 161)

Knallende Türen

Fünf Personen schlagen nacheinander laut vernehmbar fünf Türen der Kirche zu. Der Nachhall soll bewusst erlebt und ausgehalten werden. Sollten keine fünf Türen vorhanden sein, einfach die gleiche Tür fünfmal zuschlagen.

Gespräch

Jetzt werden fünf Kerzen entzündet, die Licht in den Raum bringen. Dann wird ein Gespräch begonnen. Impulsfragen können sein: »Welche Türen kann ich besonders gut zuknallen? Wem knalle ich die Tür vor der Nase zu?« Daraufhin wird meditativ der folgende Text vorgetragen:

Ich kann auf vielerlei Weise Türen zufallen lassen:
Die Türen des Herzens,
die Türen des Verstandes,
die Türen des Lebensmutes,
die Türen der Seele (die religiöse Tür).

Türen schlage ich zu,
weil ich mich ärgere,
weil ich wütend bin,
weil ich meine Macht demonstriere,
weil ich ohnmächtig bin,
weil ich einen Menschen abweise.

Wenn ich Türen zuschlage,
dann bleibt jemand draußen stehen,
dann wird ein Gespräch unmöglich,
dann verstehen wir uns nicht,
dann schotte ich mich ab,

dann will ich meine Ruhe haben,
dann geht eine Beziehung in die Brüche,
dann werden neue Möglichkeiten abgewürgt.

Knallende Türen hören und sehen

Jemand fasst noch einmal die Möglichkeiten zusammen, Türen zuzuschlagen. Nach jedem Gedanken werden von den fünf Personen wiederum die Türen zugeknallt. Nachdem eine Tür geschlossen ist, wird eine von den fünf Kerzen ausgelöscht, bis es wieder ganz finster wird.

Wir können ganz normale Türen zuschlagen.

Erste Tür wird zugeschlagen. Eine Kerze wird gelöscht.

Wir können die Türen des Herzens zuschlagen.

Zweite Tür wird zugeschlagen. Eine Kerze wird gelöscht.

Wir können die Türen des Verstandes zuschlagen.

Dritte Tür wird zugeschlagen. Eine Kerze wird gelöscht.

Wir können die Türen des Lebensmutes zuschlagen.

Vierte Tür wird zugeschlagen. Eine Kerze wird gelöscht.

Wir können die Türen der Seele, die religiöse Tür, zuschlagen.

Fünfte Tür wird zugeschlagen. Eine Kerze wird gelöscht.

Stille

Hinführung zu den Schrifttexten

So finster wird es, wenn wir die Türen schließen.
So unheimlich wird das Leben für uns.
Wenn wir Gott die Tür zuknallen,
wenn wir ihm die Ankunft in unserem Leben nicht erlauben,
dann beginnen sich alle Türen zu schließen.
Es wird finster und kalt.

Advent sagt uns:
So ist das oft im Leben,
auch wenn wir es bewusst nicht wahrnehmen.

Darum haben Menschen im Advent besonders nach Gott gerufen,
er möge die Türen,
die wir nicht mehr öffnen können,
von seiner Seite her aufmachen.

Tagesgebet

Lesung

Aus größerer Entfernung trägt jemand noch gut vernehmbar mit einer brennenden Kerze in der Hand vor.

»Du, Herr, bist unser Vater, ›Unser Erlöser‹ von jeher wirst du genannt.
Warum lässt du uns, Herr, von deinen Wegen abirren und machst unser Herz hart, sodass wir dich nicht mehr fürchten? Kehre zurück um deiner Knechte willen, um der Stämme willen, die dein Eigentum sind.
Reiß doch den Himmel auf und komm herab, sodass die Berge zittern vor dir.
Seit Menschengedenken hat man noch nie vernommen, kein Ohr hat gehört, kein Auge gesehen, dass es einen Gott gibt außer dir, der denen Gutes tut, die auf ihn hoffen.
Ach, kämst du doch denen entgegen, die tun, was recht ist, und nachdenken über deine Wege. Ja, du warst zornig; denn wir haben gegen dich gesündigt, von Urzeit an sind wir treulos geworden.
Wie unreine (Menschen) sind wir alle geworden, unsere ganze Gerechtigkeit ist wie ein schmutziges Kleid. Wie Laub sind wir alle verwelkt, unsere Schuld trägt uns fort wie der Wind.
Niemand ruft deinen Namen an, keiner rafft sich dazu auf, fest zu halten an dir. Denn du hast dein Angesicht vor uns verborgen und hast uns der Gewalt unserer Schuld überlassen.
Und doch bist du, Herr, unser Vater. Wir sind der Ton und du bist unser Töpfer, wir alle sind das Werk deiner Hände.«

(Jesaja 63,16b–17.19b; 64,3–7)

Lied

Sieh, es wird der Herr sich nahn (GL-Anhang 829)

Evangelium

Das Evangelium wird angekündigt. Wer die Lesung vorgetragen hat, geht mit seinem Licht zum Ort des Evangeliums und entzündet die fünf Kerzen neu.

»Seht euch also vor und bleibt wach! Denn ihr wisst nicht, wann die Zeit da ist.
Es ist wie mit einem Mann, der sein Haus verließ, um auf Reisen zu gehen: Er übertrug alle Verantwortung seinen Dienern, jedem eine bestimmte Aufgabe; dem Türhüter befahl er, wachsam zu sein.
Seid also wachsam! Denn ihr wisst nicht, wann der Hausherr kommt, ob am Abend oder um Mitternacht, ob beim Hahnenschrei oder erst am Morgen. Er soll euch, wenn er plötzlich kommt, nicht schlafend antreffen.
Was ich aber euch sage, das sage ich allen: Seid wachsam!«

(Markus 13,33–37)

Jetzt wird alles hell

Lasst uns wachsam sein. Gott kommt uns in dieser Stunde wirklich entgegen. Wenn wir uns von ihm die Türen der Seele öffnen lassen, dann beginnen sich auch alle anderen Türen wieder zu öffnen. Neues Licht dringt herein. Wir bekommen wieder Sinne für einander. Wir beginnen neu zu leben. Der Himmel scheint in unser Leben herein. Darum zünden wir jetzt nicht nur die erste Adventskerze an, sondern alle Kerzen, die hier sind.

Jetzt wird zuerst die erste Adventskerze entzündet, dann die übrigen Kerzen in der Kirche, so dass es leuchtend hell wird.

Lied

Menschen auf dem Weg durch die dunkle Nacht (Tr 735)

Fürbitten

Ich lade euch ein, in Stille eure Bitten für die Kirche, für die Welt, für Menschen, an die ihr besonders denkt, für euch selbst zu Gott hinzutragen. Er selbst öffnet die Tür in seinem Sohn Jesus Christus. Jedes Wort dringt zu ihm vor.

Stille Bitten, die dann nach einer kurzen Zeit zusammengefasst werden.

Vater im Himmel: Wir rufen zu dir: Wir bitten dich, erhöre uns.

Überleitung zur Eucharistie

Lasst uns dem Vater im Himmel danken, dass er durch Jesus die Türen neu geöffnet hat. Jesus ist die Tür zum Leben.

Lied zur Gabenbereitung

Herr, wir bringen in Brot und Wein (Tr 213)

Sanctus

Heilig, heilig, heilig (Tr 228)

Friedensgruß

Hevenu shalom alechem (Tr 277)

Schlusslied

Groß sein lässt meine Seele den Herrn (Tr 538)

Hans Bauernfeind/Günter Maier

Gottesdienst

Warten

Vorüberlegungen

Advent ist die Zeit der Erwartung. Der Wortgottesdienst dieser Messfeier greift dieses Thema am Beispiel der Begegnung Jesus mit den Schwestern Marta und Maria auf. Die beiden Frauen spiegeln eine unterschiedliche Auffassung von Erwartung wider. Das Evangelium von Marta und Maria (Lukas 10,38–42) wird in einem Rollenspiel vorgespielt. Anschließend findet im Katecheseteil des Gottesdienstes ein Interview mit Marta und Maria statt.

Einsatzmöglichkeiten

Der Gottesdienst kann als Jugendgottesdienst innerhalb der Gemeinde oder als Schulgottesdienst in einer Schule gefeiert werden.
Im Eröffnungsteil des Gottesdienstes gibt es eine lange Stillephase, die nicht angekündigt wird. Dies kann und soll Unsicherheit bei den Gottesdienstbesuchern provozieren. »Warten« soll am eigenen Leib erfahren werden. Es ist im Vorfeld zu überlegen, ob dies der jeweiligen Gottesdienstgemeinde zugemutet werden kann.

Materialien

- *Tisch und drei Stühle für das Anspiel*
- *Tisch-Dekoration (Tassen, Teller, Tischdecke usw.)*

Lied

Lied des Volkes (Unsere Hoffnung), 1. bis 4. und 7. Str. (Tr 711)

Liturgische Begrüßung

Stille

Nun geschieht über längere Zeit nichts. Die Stille soll so lang bemessen sein, dass sich eine gewisse Unruhe breit macht (ca. drei Minuten).

Gedanken

Die folgenden Sätze werden von in der Kirche verteilt stehenden/sitzenden Sprechern/-innen gesprochen:

S 1: Entschuldigung, aber worauf warten Sie eigentlich?
S 2: Ich warte darauf, dass ich endlich Arbeit finde.
S 3: Ich warte darauf, dass ich mein Weihnachtsgeld bekomme.
S 4: Ich warte darauf, dass ich endlich in Urlaub fahren kann.
S 5: Ich warte darauf, dass ich einen Kredit für ein neues Auto erhalte.
S 6: Ich warte darauf, dass ich die Schulzeit überstehe.
S 7: Ich warte auf die Bestätigung, dass ich die Prüfung bestanden habe.
S 8: Ich warte darauf, dass meine Eltern mal Zeit für mich haben.
S 9: Ich warte darauf, dass Weihnachten wird.

Kyrie

Herr, erbarme dich (Tr 107)

Lied vor dem Evangelium

Worauf es ankommt, wenn er kommt (Tr 758)

Evangelium

»Sie zogen zusammen weiter, und er kam in ein Dorf. Eine Frau namens Marta nahm ihn freundlich auf. Sie hatte eine Schwester, die Maria hieß. Maria setzte sich dem Herrn zu Füßen und hörte seinen Worten zu. Marta aber war ganz davon in

Anspruch genommen, für ihn zu sorgen. Sie kam zu ihm und sagte: Herr, kümmert es dich nicht, dass meine Schwester die ganze Arbeit mir allein überlässt? Sag ihr doch, sie soll mir helfen! Der Herr antwortete: Marta, Marta, du machst dir viele Sorgen und Mühen. Aber nur eines ist notwendig. Maria hat das Bessere gewählt, das soll ihr nicht genommen werden.«

(Lukas 10,38–42)

Evangelium als szenisches Spiel

Das Evangelium wird nochmals in einer kurzen szenischen Darbietung präsentiert. Ggf. kann diese Szene das Evangelium ersetzen.
Ein Tisch mit drei Stühlen steht im Altarraum. Marta und Maria kehren, räumen auf, sorgen für Ordnung. Da klopft es. Marta öffnet die Tür.

Marta:
O, Jesus, du bist es! Hallo!

Jesus:
Guten Tag, Marta! Darf ich hereinkommen?

Marta:
(sehr hektisch und aufgeregt)
Natürlich! Komm herein! Maria, schau nur, wer gekommen ist! Jesus ist da. Warte Jesus, setz' dich her, ich mache schnell etwas zu essen und zu trinken.

Jesus:
Danke, Marta!

Maria:
(setzt sich zu Jesus an den Tisch)
Es ist schön, dass du zu uns gekommen bist! Du hast sicherlich unterwegs viel erlebt. Erzähl mir doch etwas davon!

Jesus:
Gerne, Maria!

Marta:
(rennt immer noch hin und her, bringt etwas zu trinken, verbreitet Unruhe und Hektik, schubst Maria an, dass sie ihr mithelfen solle, wird langsam sauer)
Jesus, stört es dich gar nicht, dass ich die ganze Zeit herum renne, damit es dir gut geht, und Maria sitzt hier nur herum? Immer bleibt die Arbeit an mir hängen!

Jesus:
Marta, Marta, du machst dir viele Sorgen, aber Maria hat das Bessere gewählt.

Interview mit Marta und Maria

Reporter:
(kommt zu der Szene hinzu)
Hallo Marta, ich habe mitbekommen, was hier gerade passiert ist. Du bist ja ganz schön sauer gewesen.

Marta:
Das kann man wohl sagen. Immerhin schufte und rackere ich hier den ganzen Tag. Und dann kommt Jesus zu Besuch. Da musste ich doch für die Bewirtung sorgen. Und was macht Maria? Die sitzt da einfach nur herum.

Reporter:
Maria, wie war denn das für dich? Hast du nicht gemerkt, dass deine Schwester so viel zu tun hatte?

Maria:
Doch, doch, das habe ich schon mitbekommen, aber vor lauter Arbeit hat sie gar nicht gemerkt, was für einen tollen Gast wir zu Besuch hatten!

Reporter:
Stimmt das, Marta? Hast du gar nicht gemerkt, dass Jesus zu Besuch war?

Marta:
Doch, doch, das habe ich schon mitgekriegt, aber ich wollte doch, dass es ihm hier bei uns gut geht. Ich wollte doch für ihn alles ganz besonders gut machen.

Reporter:
Marta, kann es sein, dass du vor lauter Geschäftigkeit von dem Besuch Jesu nichts mitbekommen hast? Ich meine, du hast zwar gesehen, dass er da ist, aber richtig mit ihm gesprochen hast du nicht.

Marta:
Ich glaube, das stimmt. Eigentlich hat mich das, was Jesus am Schluss sagte, ziemlich betroffen gemacht. Ich bin jetzt sogar richtig traurig, denn ich glaube, ich habe eine Riesen-Chance verpasst. Jesus war bei mir – aber ich habe mir keine Zeit für ihn genommen!

Maria:
Weißt du, Marta, oft fehlt mir etwas von deiner Energie. Du packst immer mit an, auf dich ist immer Verlass. Oft beneide ich dich darum, aber heute habe ich mir gedacht: Schade, ach, könnte sie doch auch mal einfach nur dasitzen und genießen.

Reporter:
Das finde ich wichtig, Maria, dass du das noch mal so sagst. Denn ich glaube, es stimmt. Es gibt Situationen, da ist es gut, wenn jemand mit anpackt, da kann man nicht einfach die Hände in den Schoß legen und nichts tun. Es gibt aber auch Zeiten, da muss man sich Zeit nehmen, da müssen Dinge liegen bleiben. Da ist es ganz wichtig, dass ich einfach da bin.

(zur Gemeinde)

Ja, liebe Gemeinde, ich hoffe, uns geht es nicht so, dass er, der Herr, bei uns ist und wir ihn vor lauter (vorweihnachtlicher) Hektik und Stress gar nicht bemerken.

Lied

Ich glaube, dass wir …

2. Ich glaube, dass wir Schwestern und Brüder Gottes sind. Gott ist uns Bruder in Jesus Christ. Ich glaube an Gott.

3. Ich glaube, dass wir Füße und Hände Gottes sind. Gott gibt uns Kraft durch den Heil'gen Geist. Ich glaube an Gott.

Text und Musik: Frank Reintgen

Fürbitten

An vielen Orten der Erde warten Menschen und hoffen auf ein besseres Morgen. Im Vertrauen darauf, dass Gott es ist, der die Welt in seinen Händen hält, lasst uns unsere Fürbitten vor ihn tragen.

- Viele Menschen warten auf Frieden und Gerechtigkeit. Ich bitte um ein friedliches Weihnachtsfest. Gott, der du uns Vater und Mutter bist: Wir bitten dich, erhöre uns.
- Ich bitte darum, dass wir nicht nur darauf warten, dass die Probleme der Welt gelöst werden, sondern dass wir die Kraft und den Mut haben, selber mit anzupacken. Gott, der du uns Vater und Mutter bist: Wir bitten dich, erhöre uns.
- Ich bitte für die Menschen, die auf ein Lebenszeichen von Verwandten oder Freunden warten, die vermisst werden oder von zu Hause weggelaufen sind. Gott, der du uns Vater und Mutter bist: Wir bitten dich, erhöre uns.
- Ich bitte für die Menschen, die ein Wiedersehen mit denen erwarten und erhoffen, die gestorben sind. Lass sie die Hoffnung nicht verlieren, dass es einmal ein Wiedersehen geben wird. Gott, der du uns Vater und Mutter bist: Wir bitten dich, erhöre uns.
- Es ist schwer, sich dem Stress und der Hektik der Adventszeit zu entziehen. Lass uns immer wieder Momente der Ruhe und der Besinnung finden. Gott, der du uns Vater und Mutter bist: Wir bitten dich, erhöre uns.

Barmherziger Gott, du weißt, was uns in diesen Stunden bewegt. Du hörst unsere Bitten, die ausgesprochenen und die, die wir im Herzen tragen. Dafür danken wir dir durch Christus, unseren Bruder und Herrn. Amen.

Gabenbereitung

Brich mit den Hungrigen dein Brot (Tr 206)

Sanctus

Sanktus – Heilig ist der Herr (Tr 347)

Friedensgruß

Komm näher, Friede

2. Komm näher, Friede, die Welt ersehnt dich
für ihr ganz andres Gesicht. Komm näher, Friede,
die Welt ersehnt dein Gesicht.

3. Komm näher, Friede, der Mensch verzweifelt
ohne dein tröstendes Wort. Komm näher, Friede,
der Mensch verzweifelt ohne dein Tun.

Text: Thomas Laubach
Musik: Thomas Quast
Aus: Unter die Haut, 1992

Meditation nach der Kommunion

Advent:
Da kommt einer – und du übersiehst ihn!
Da geht einer auf dich zu – und du bist verschlossen!
Da klopft einer bei dir an – und du bist außer Haus!
Da wohnt einer bei dir – und du wirfst ihn raus!
Da will sich einer mitteilen – und du schneidest ihm das Wort ab!
Da wartet einer auf dich – und du zeigst ihm den Rücken!
Da fragt einer um Hilfe – und du verhärtest dein Herz!
Da lässt einer Geschenke zurück – und du vergräbst sie!
Da hat einer unendliche Zeit – und du bist nie zu sprechen!
Da bringt einer Ruhe – und du bist zerstreut!
Da kommt einer – und du siehst nur dich!
Solange er immer noch kommt – kannst du dich ändern. Amen.

Schlussgebet

Segen

In der Hektik unserer Zeit schenke der Herr uns Gelassenheit.
In den schwierigen Momenten unseres Lebens schenke er uns Kraft.
In den Zeiten, die uns besonders fordern, schenke er uns Ausdauer und einen langen Atem.
So segne euch der gute Gott, der Vater, der Sohn und der Heilige Geist.
Amen.

Lied

In der Mitte der Nacht (Tr 467)

Frank Reintgen

Frühschicht

Mach's wie Gott, werde Mensch!

Vorüberlegungen

Gott wird Mensch. Das feiern wir an Weihnachten. Aber welche Erwartung stellen wir daran? Und welche Erwartung wird dabei an uns gestellt?
Die Menschwerdung Gottes kann nur dort sichtbar werden, wo auch der Mensch wieder menschlicher wird. Dort wird sich Gott als Mensch von uns finden lassen.

Einsatzmöglichkeiten

Dieser Vorschlag ist konzipiert für eine Frühschicht in der Adventszeit. Genauso gut kann aber auch zu einer Spätschicht eingeladen werden. Je nachdem kann sich daran ein gemeinsames Frühstück oder ein gemütlicher Tagesausklang anschließen.

Materialien

- *ruhige Musik*
- *Plakate mit den beiden Impulssätzen »Erwarten Sie nicht zu viel von Weihnachten!« und »Es genügt, dass Sie Mensch sind!«*
- *Text »Gott wird Mensch« für alle Teilnehmenden*
- *Liedzettel*
- *kleine Notizzettel und einen Stift für die Teilnehmenden*

Der Raum ist halbdunkel. In der Mitte liegt ein Tuch, darauf das erste Plakat mit der Aufschrift »Erwarten Sie nicht zu viel von Weihnachten!« Daneben brennt eine Kerze. Es läuft leise ruhige Musik.

Einführung

Erwarten Sie nicht zu viel von Weihnachten!
Dieser Aufruf gilt uns. Er will uns ansprechen, er will uns provozieren. So kurz vor Weihnachten hat wohl jeder seine eigenen Erwartungen an das große Fest. Welche Erwartungen habe ich von Weihnachten? Wie soll das Fest bei mir in diesem Jahr

sein? Ich möchte euch einladen, diesen beiden Fragen ein wenig nachzugehen. Eure Erwartungen schreibt ihr dann auf die kleinen Zettel.

Die Teilnehmenden bekommen nun etwa fünf Minuten Zeit, ihre eigenen Erwartungen aufzuschreiben. Dazu läuft wieder ruhige Musik. Zum Abschluss werden die Zettel auf das große Plakat in der Mitte gelegt. Wenn sich die Gruppe vertraut genug ist, kann jeder auch seinen Zettel vorlesen.
Dann wird ein zweites Plakat mit der Aufschrift »Es genügt, dass Sie Mensch sind!« auf das erste gelegt. Das erste Plakat und die Zettel der Teilnehmenden werden damit abgedeckt.

Überleitung

»Es genügt, dass Sie Mensch sind!« – Mit diesem Weihnachtswunsch schickte eine Dozentin ihre Studierenden in die Weihnachtsferien. Was wollte sie ihnen damit sagen?
Unsere Erwartungen an Weihnachten haben wir eben aufgeschrieben. Es sind ganz unterschiedliche Dinge, die wir erwarten. Auch andere haben ganz unterschiedliche Erwartungen an uns.
Was aber ist das Wesentliche?
Es genügt, dass Sie Mensch sind.
Mensch werden – Mensch sein.
Menschwerdung heißt also, dass auch wir wieder Menschen werden müssen, dass auch wir wieder menschlicher sein sollen. Dazu passt auch die folgende Geschichte:

Weihnachtsgeschichte

In diesen Tagen,
als die Menschen aufatmend und wieder bangend
von einer Katastrophe zur nächsten wankten,
als sie mit lauter Musik und mit Drogen die Angst zu betäuben suchten,
als der Dollar fiel und die Arbeitslosenzahl stieg,
als jeglicher Geschäftsmann das herannahende Fest
zum Anlass nahm seine Ware anzupreisen,
da geschah es,
dass ein Mann mit einer Spende von 50 Euro

sein bohrendes Gewissen beruhigte,
dass eine Frau unermüdlich
Geschenke und Überraschungen für ihre Lieben vorbereitete,
dass in Indien ein kleines Kind in einem Pappkarton
auf der Straße verhungerte und unsanft starb,
dass die Christen in ihren Häusern die elektrischen Kerzen
einschalteten, die Krippen aufstellten und gerührt
das holzgeschnitzte Jesuskind betrachteten.
Sie verschlossen die Türen ihrer Häuser und Herzen und sagten:
Weihnachten feiern ist ja so gemütlich.
Aber einer hatte vergessen, die Fenster zu schließen.
Da tönte von draußen der vielstimmige Schrei der Not ins Zimmer.
Denn der Menschensohn war nicht in dieser Puppe aus Holz.
Er war in den leidenden Menschen, die zu Tausenden vor der Tür standen.
Sie hatten die Augen voller Tränen und sagten:
Wir sind hungrig, wir sind einsam.
Wir sind krank, fremd, verfolgt. Helft uns doch!
Und manche standen vor der Tür,
die hatten keine Worte und keine Tränen mehr.
Die Christen im Haus erschraken: Wer wahrhaftig Jesus finden wollte,
musste aufbrechen aus der Bequemlichkeit,
musste hinausgehen aus sich selbst,
musste die Tür seines Herzens weit öffnen und die Bittenden helfend
und tröstend in die Arme nehmen.
Und dann geschieht es
auch in diesem Jahr,
dass Gott Mensch unter uns wird
und sich von uns finden lässt
und dass von draußen her
ein Licht in unser Haus fällt,
das heller ist als elektrische Kerzen,
heller als Mond und Sterne,
heller als die Sonne.

Ulla Koßmann

Überleitung

Eine ungewöhnliche Weihnachtsgeschichte – zugegeben. Sie will uns provozieren, will uns zum Nachdenken anregen und vor allem zum Handeln. Denn wenn Weihnachten einen Sinn haben soll, wenn es mehr sein soll, als bloßes Geschenke austauschen und schöne Lieder vor dem geschmückten Baum singen – wenn Gott wirklich Mensch werden soll, dann hat das Folgen.

Text

GOTT WIRD MENSCH
das hat folgen
das bringt alles in bewegung
das eröffnet möglichkeiten
das macht betroffen

GOTT WIRD MENSCH
damit wird man sich
auseinandersetzen müssen
damit wird man leben dürfen
damit sieht alles anders aus

GOTT WIRD MENSCH
für die verlorenen
für die verfolgten
für die verachteten

GOTT WIRD MENSCH
und alle welt
könnte sich freuen
und jedermann
könnte aufatmen
und niemand
müsste abseits stehen

GOTT WIRD MENSCH
in unseren zeiten
in der heutigen situation
in einer welt
die nur eines braucht

GOTT WIRD MENSCH
und der
MENSCH WIRD MENSCH

Werner Schaube

Lied

Eines Tages kam einer (Tr 57)

Segen

Für die kommenden Tage wünsche ich euch, dass es euch gelingt, ein wenig mehr Mensch zu werden und Mensch zu sein. Dass uns das gelingt, dazu wollen wir Gott um seinen Segen bitten.

Der Segenswunsch kann auch gesungen werden.

Einen Mund,
ein gutes Wort zu sprechen, und
zwei Hände,
die zärtlich sind beim Handeln, und
zwei Ohren,
die offen sind für Leises, und
ein Herz,
das Platz hat für die Liebe. Und
zwei Augen,
zu sehen Gut und Böse, und
zwei Füße,
den Weg nach Hause zu finden,
einen Menschen,
der dir wird zu Heimat,
und Vertrauen,
dass du geborgen bist.

Das schenke dir der gute und mit dir gehende Gott, der Vater, der Sohn und der Heilige Geist. Amen.

Lied

Ein Segen

Text: Arndt Büssing; © Dr. Arndt Büssing, Schwerte
Musik: Reinhard Horn; © Kontakte Musikverlag, Lippstadt

Hans Löffler/Matthias Simon

Gebetsstunde zum Jahreswechsel

Ein Koffer für das neue Jahr

Vorüberlegungen

Wie kaum eine andere Zeit im Jahr sind diese Tage »zwischen den Jahren« besetzt mit vielen unterschiedlichen Gefühlen. Kaum ein Fernsehsender, kaum eine Zeitung oder Illustrierte kommt ohne einen Jahresrückblick aus. Alles Schöne, vor allem aber das Sensationelle und oft Schreckliche und Belastende wird nochmals gezeigt. Emotionen werden freigesetzt und manches will nochmals oder wieder verarbeitet werden. Der Silvesterabend selbst ist dann dem lauten Abschied vom alten und der farbenfrohen Begrüßung des neuen Jahres gewidmet. Das Bedürfnis nach Ruhe und gemeinsamer Rück- oder auch Vorausschau wird dabei kaum befriedigt.
Hier setzt der Gedanke einer Gebetsstunde zum Jahreswechsel an. Gemeinsam, in einer vertrauten oder auch nur zufälligen Gruppe wird das alte Jahr beschlossen und das neue begrüßt.

Einsatzmöglichkeiten

Diese Gebetsstunde kann ein Element einer gemeinsamen Silvesterfeier sein oder ein offenes Angebot seitens der Pfarrgemeinde für alle Interessierten.
Die Uhrzeit für ein solches Gebet will gut überlegt sein. Schön und dem Gedanken der Feier entsprechend ist es, wenn man gegen 23 Uhr mit der Gebetsstunde beginnt – dann bleibt ausreichend Zeit für jeden, bis man gemeinsam auf das neue Jahr anstoßen kann.

Materialien

- *kleiner Koffer*
- *Mülleimer*
- *Schlagzeilen aus dem vergangenen Jahr*
- *Kopien mit dem Kofferumriss*
- *Kopien mit dem Mülleimer*
- *Stift für jeden Teilnehmenden*
- *Karten mit dem Segenswunsch*
- *Meditationsmusik*

Die Mitte des Versammlungsraumes (Gruppenraum, Seitenkapelle der Kirche) ist mit einem Tuch ausgelegt. Darauf liegen der offene Koffer und der Mülleimer. Der Raum ist möglichst dunkel und wird zu Beginn nur von einer Kerze erleuchtet. Der Leiter/die Leiterin sollte eine Taschenlampe bereithalten. Bereits zu Beginn sollte Gelegenheit bestehen, zur Ruhe zu kommen. Die Teilnehmenden sollen in der Stille und bei sich ankommen können.
Nach einer ausreichenden Zeit der Stille – je nach Raum und vorherigem Programm – werden Schlagzeilen aus der Zeitung oder wichtige Ereignisse des vergangenen Jahres wie Blitzlichter genannt. Je nach Zusammensetzung der Gruppe werden überregional bedeutsame oder auch lokale Ereignisse ausgewählt.

Einführung

L.: Ein besonderer Abend ist dieser Silvesterabend. Überall wird Rückschau gehalten, landauf, landab bestimmen Resümees das Programm, nicht nur im Fernsehen.
Auch wir möchten in dieser Nacht kurz vor dem Jahreswechsel ein wenig zurückschauen. Ich möchte euch einladen, einmal zu überlegen:

- Welches Ereignis, welche Dinge, Gedanken, Personen möchte ich gerne mitnehmen in das neue Jahr?
- Welches Ereignis, welche Dinge, Gedanken, Personen möchte ich gerne im alten Jahr zurücklassen?

Jeder hat zwei Zettel vor sich liegen. Ich möchte euch nun bitten, drei Dinge, Ereignisse, Personen, die ihr mitnehmen möchtet, in den Koffer zu schreiben. Die drei Dinge, Ereignisse oder Personen, die ihr lieber hier lassen möchtet, schreibt ihr in den Mülleimer.

Die Teilnehmenden bekommen ausreichend Zeit zum Schreiben, dazu läuft ruhige Musik. Zum Abschluss der Schreibaktion werden die Kofferzettel in den Koffer, die Müllzettel in den Mülleimer gelegt.
Wenn sich die Gruppe vertraut genug ist, kann der Leiter/die Leiterin einige Zettel aus dem Koffer und dem Mülleimer nehmen und (ohne Namensnennung) vorlesen. Dann werden diese zurückgelegt.

Lesung

»Alles hat seine Stunde.

Für jedes Geschehen unter dem Himmel gibt es eine bestimmte Zeit:
eine Zeit zum Gebären / und eine Zeit zum Sterben,
eine Zeit zum Pflanzen / und eine Zeit zum Abernten der Pflanzen,
eine Zeit zum Töten / und eine Zeit zum Heilen,
eine Zeit zum Niederreißen / und eine Zeit zum Bauen,
eine Zeit zum Weinen / und eine Zeit zum Lachen,
eine Zeit für die Klage / und eine Zeit für den Tanz;
eine Zeit zum Steine werfen / und eine Zeit zum Steine sammeln,
eine Zeit zum Umarmen / und eine Zeit, die Umarmung zu lösen,
eine Zeit zum Suchen / und eine Zeit zum Verlieren,
eine Zeit zum Behalten / und eine Zeit zum Wegwerfen,
eine Zeit zum Zerreißen / und eine Zeit zum Zusammennähen,
eine Zeit zum Schweigen / und eine Zeit zum Reden,
eine Zeit zum Lieben / und eine Zeit zum Hassen,
eine Zeit für den Krieg / und eine Zeit für den Frieden.«

(Kohelet 3,1–8)

Gedanken zum Lesungstext

L.: »Alles hat seine Zeit ...« – schön, was uns der Prediger Kohelet mit auf den Weg in das Neue Jahr gibt. Man könnte meinen, alles wird gut, alles ist geregelt, für alles ist gesorgt. Alles »Gedankenmachen« ist unnötig. Doch ganz so einfach ist es wohl nicht! Und trotzdem: Auch im neuen Jahr wird alles seine Zeit haben, manches wird von uns Zeit bekommen, manches sich seine Zeit nehmen, manches aus dem alten Jahr in das neue hineinwirken als Erinnerung oder als Tatsache, die bleibt. Wir können nichts davon im alten Jahr zurücklassen.

Symbolisch wird nun der Mülleimer in den Koffer geleert und der Koffer verschlossen.

Wir müssen aber keine Angst haben, ob wir unseren Koffer im neuen Jahr noch tragen können. Gott wird auch im neuen Jahr den Weg mit uns gehen, unseren Koffer mittragen. Diese Gewissheit wollen wir uns nun im Segen für das neue Jahr zusprechen lassen.

Segen

Mögest du immer Arbeit haben,
für deine Hände etwas zu tun.
Immer Geld in der Tasche,
eine Münze oder auch zwei.
Immer möge das Sonnenlicht
auf deinem Fenstersims schimmern
und die Gewissheit in deinem Herzen,
dass ein Regenbogen dem Regen folgt.
Die gute Hand eines Freundes
möge dir immer nahe sein,
und Gott möge dir dein Herz erfüllen
und dich mit Freude ermuntern.

So segne dich auf deinem Weg in das neue Jahr
der gute, mit uns gehende Gott,
der Vater, der Sohn und der Heilige Geist.
Amen.

Lied

Von guten Mächten (Tr 717)

Die Gebetsstunde klingt ruhig aus, es sollte Gelegenheit bestehen, noch zu bleiben. Eventuell kann wieder Musik gespielt werden. Der Leiter trägt den Koffer hinaus und legt an die Stelle die Kärtchen mit dem Segenswunsch, von denen jeder eines mitnehmen kann.

Hans Löffler/Matthias Simon

Geschichte

Mitten unter ihnen

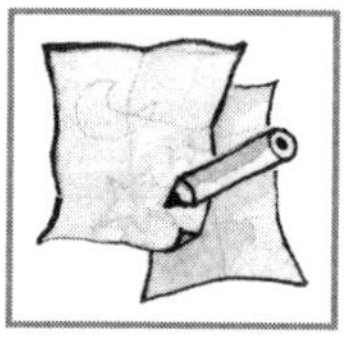

Vorüberlegungen

Gott tritt häufig anders in unser Leben, als wir es erwarten. Oft ungelegen und unerkannt, in Gestalt eines Menschen, eines Fremden, eines Freundes, eines Armen. Er allein bestimmt Form und Zeitpunkt. Es liegt an uns, ob wir ihn aufnehmen und ihm Platz geben in unserem Leben.

Einsatzmöglichkeiten

Die Geschichte kann ihren Platz in einem Gottesdienst oder einer Früh-/Spätschicht finden. Sie ist aber auch als Gesprächseinstieg für eine Gruppenstunde möglich: Wo können wir Gott in unserem Leben erfahren? Diese Empfindungen können anschließend mit dem Gestalten von Ton ausgedrückt werden.

Weil Gott ein gnädiger Gott ist, ließ er die Pfarrgemeinde schon zwei Tage vor der Christmette darüber informieren, dass er diesmal nicht daran denke, seinen Sohn als Kind in der Krippe zu den Menschen zu senden, sondern als 31-jährigen, erwachsenen Mann. Man kann sich vorstellen, dass diese Meldung große Unruhe und Verwirrung in der Pfarrgemeinde auslöste. Nicht nur, dass der Kirchenchor seine rührseligen Lieder nicht singen konnte, weil sie einfach nicht passten; nein – auch alles andere war völlig ungeklärt. Wo man ihn denn hinsetzen solle, diesen Jesus, ob er am Ende gar vorhätte, selbst zu zelebrieren oder zu predigen und das noch dazu ohne Priesterweihe?
Wer würde eine angemessene Laudatio halten, wer die Begrüßungsfanfaren spielen, wer Rundfunk- und TV-Anstalten informieren, wie sollte man sich überhaupt verhalten, wenn da plötzlich einer kommt, den man überhaupt nicht kennt?
Eilends wurde eine Krisensitzung einberufen, doch es war aussichtslos – für einen derartigen Fall war man einfach nicht gerüstet. Und da nicht einmal im theologischen Lexikon und im Pastoralamt der Diözese etwas aufzutreiben war, was in einem solch außergewöhnlichen Fall zu tun sei, begann die Gemeinde der Sache schließlich zu misstrauen. Vielleicht hatte sich da jemand einen schlechten Scherz erlaubt, dachte man schließlich, um sich zu beruhigen, und es wurde beschlossen, einfach alles wie gewöhnlich ablaufen zu lassen. Das war ja auch um einiges be-

quemer. Und dementsprechend war die Mette dann auch – mit Kirchenchor und »Stille Nacht«, ohne Fanfaren und mit dieser putzigen kleinen Holzkrippe, die vor dem Altar stand. Manche blickten sich verstohlen um, ob dieser Jesus nicht doch irgendwo unvermutet auftauchte, aber der Einzige, der vom Alter her in Frage gekommen wäre, war ein ortsbekannter Sozialfall, 31, arbeitslos und allein stehend. Die meisten beachteten ihn nicht einmal und niemand gab ihm nachher die Hand, dabei war Er mitten unter ihnen und es war Weihnachten.

Rudolf Weiss

Ja sagen zu Gott

Frauen

Wortgottesdienst

Vom Dunkel zum Licht

Vorüberlegungen

Dieser adventliche Gottesdienst lädt zu Ruhe und Besinnung mitten im vorweihnachtlichen Trubel ein. Die Teilnehmerinnen sollen Zeit haben, sich zu vergewissern, wo sie gerade im Advent stehen. Dann wird das Thema »Vom Dunkel zum Licht« entfaltet. Die Verheißung, dass Gott den Menschen Licht in ihr Dunkel senden wird, indem er ein Kind auf die Welt kommen lässt, soll jede Einzelne erreichen, was immer sie persönlich gerade damit verbinden mag.

Einsatzmöglichkeiten

Der Gottesdienst ist eher für kleinere Gruppen gedacht, so dass die Teilnehmerinnen zu Wort kommen können und während des gemeinsamen Tonens in Aktion treten.

Materialien

- *CD-Player und meditative Musik*
- *Bachkantate »Wachet auf, ruft uns die Stimme …« (BWV 140)*
- *Ton (wenn er ohne Wasser geknetet wird, ist er sehr sauber zu handhaben und kann auch in einem Kirchenraum ohne weiteres verwendet werden); möglichst schon vor dem Gottesdienst faustgroße Stücke abschneiden*
- *gestaltete Mitte aus Tüchern, auf die die Ton-Stücke gestellt werden können*
- *Teelichte*

Lied

In der Mitte der Nacht (Tr 467)

Eröffnung und Einführung

Ich möchte euch sehr herzlich begrüßen zu unserem Gottesdienst. Mitten im Advent kommen wir zusammen, um ein wenig Ruhe zu tanken. Mitten im Stress der

Vorweihnachtszeit sind wir hier, um Atem zu holen und in uns hineinzuhören. Beginnen wir unseren Gottesdienst im Namen des Vaters und des Sohnes und des Heiligen Geistes. Amen.

Bach-Kantate

Wachet auf, ruft uns die Stimme (BWV 140)

Der erste Choral der Bachkantate wird gemeinsam angehört. Zuvor wird darauf hingewiesen, dass dies einige Zeit dauert (ca. 7 Minuten). Die Teilnehmerinnen können während des Hörens überlegen, mit welcher Stimmung sie hergekommen sind und wie bisher ihr Advent ausgesehen hat.

Gesprächsrunde

Die Teilnehmerinnen können nun in einer Gesprächsrunde erzählen, was sie im Moment mit dem Advent verbinden, wie sie ihm Gestalt geben, was sie vermissen bzw. was es braucht, um Weihnachten einen kleinen Schritt näher zu kommen. Wenn die Gruppe zu groß ist, kann sie aufgeteilt werden. Es ist auch möglich, das Gespräch als Zweiergespräch stattfinden zu lassen.

Gebet

advent
schon wieder advent

lichter
sterne
lieder singen
weihnachtsmarkt
geschenke kaufen
vorbereitungsstress

gott
ist platz für dich
ist platz für dich

in all dem
dazwischen?

ist platz
um nach dem stern zu suchen
der eine verheißung hat?
ist zeit
um zu fragen
wohin der weg geht?
ist ruhe
zu warten

zu erwarten
zu ersehnen
dass du kommst
und licht bringst
und rat schenkst
und hoffnung entzündest?
leben ist manchmal
so dunkel und kalt
so unwirtlich und ungeplant
leben ist manchmal
noch nicht geboren
noch in wehen liegend
leben ist manchmal
so erbärmlich und klein

doch wenn wir noch warten
wenn wir noch sehnen
wenn wir nicht aufgehört haben
an die verheißung zu glauben
dann kommst du
dann kommst du wirklich
zu uns

ja komm gott
und erfülle unser leben
mit deiner gegenwart
amen

Lied

Meine Hoffnung und meine Freude (Tr 374)

Biblischer Text

»Das Volk, das im Dunkel lebt, sieht ein helles Licht; über denen, die im Land der Finsternis wohnen, strahlt ein Licht auf.
Du erregst lauten Jubel und schenkst große Freude. Man freut sich in deiner Nähe, wie man sich freut bei der Ernte, wie man jubelt, wenn Beute verteilt wird.
Denn wie am Tag von Midian zerbrichst du das drückende Joch, das Tragholz auf unserer Schulter und den Stock des Treibers.
Jeder Stiefel, der dröhnend daherstampft, jeder Mantel, der mit Blut befleckt ist, wird verbrannt, wird ein Fraß des Feuers.
Denn uns ist ein Kind geboren, ein Sohn ist uns geschenkt. Die Herrschaft liegt auf seiner Schulter; man nennt ihn: Wunderbarer Ratgeber, Starker Gott, Vater in Ewigkeit, Fürst des Friedens.
Seine Herrschaft ist groß und der Friede hat kein Ende. Auf dem Thron Davids herrscht er über sein Reich; er festigt und stützt es durch Recht und Gerechtigkeit, jetzt und für alle Zeiten. Der leidenschaftliche Eifer des Herrn der Heere wird das vollbringen.«

(Jesaja 9,1–6)

Bibelwort tonen

Nachdem die Bibelstelle vorgetragen wurde, erhalten die Teilnehmerinnen ein faustgroßes Stück Ton. Während die Perikope nochmals vorgelesen wird, sucht sich jede ein Wort aus, das sie mit dem Stück Ton verdeutlichen möchte. In einer stillen Phase (im Hintergrund läuft leise Musik, eventuell nochmals ein Stück aus der Bach-Kantate) kneten alle ihren Ton und formen daraus ein Symbol für ihr Wort. Dafür muss genügend Zeit gelassen werden.
Anschließend wird der Bibeltext wieder vorgelesen. Alle stehen dazu im Kreis. Beim jeweiligen Wort legt diejenige, die das Wort getont hat, dieses Symbol vor sich auf die Tücher der gestalteten Mitte. Dazu wird der Text kurz unterbrochen. So legen nach und nach alle Teilnehmerinnen beim jeweiligen Stichwort des Jesajatextes ihr Symbol aus Ton in die Mitte.

Es ist möglich, dass dann der Abschnitt nochmals von vorne gelesen wird, was das genaue Hinhören auf den Text sehr intensiviert, diese Phase aber auch verlängert. Wenn der Text zu Ende gelesen ist und alle Symbole im Kreis auf dem Boden liegen, setzen sich alle wieder hin.

Lied

Gottes Wort ist wie Licht in der Nacht (Tr 706)

Fürbitten

Jede Teilnehmerin bekommt ein Teelicht. Sie kann es anzünden und in den Kreis auf ein Tuch stellen. Dabei ist es möglich, eine Fürbitte laut auszusprechen oder nur leise für sich zu beten.

Vaterunser

Wir fassen nun im »Vaterunser« alle Bitten zusammen, die ausgesprochenen und die, die wir in unserem Herzen bewegen.
Unser Vater und unsere Mutter im Himmel …

Gebet

komm gott
komm in unser dunkel hinein
in unsere schwarze nacht
in unser fragendes herz
in unseren zweifelnden sinn

komm gott
komm
mit licht und farbe
mit mut und tatkraft
mit sinn und neuer hoffnung

komm gott
und schenke uns
neues leben
amen

Segen

Gottes Angesicht leuchte
über dir und mir
über allen
die wir lieben
über Freunden und Feinden
über allen Völkern der Erde
heute
und an jedem Tag

So segne uns
Gott der Vater
und der Sohn
und der Heilige Geist

Lied

Mache dich auf und werde licht (siehe S. 161)

Claudia Fichter

Gottesdienst

Mit dem Himmel schwanger auf Erden

Vorüberlegungen

Mit dem Himmel schwanger zu sein – geht das, wenn wir den Himmel oft gar nicht mehr wahrnehmen? Es gibt diesen Himmel, auch wenn er manchmal verborgen scheint.
Maria ist nicht nur einfach schwanger mit dem Kind. Sie ist schwanger mit einer Hoffnung. Sie spürt, dass Gott in ihr Leben einbricht. Sind auch wir bereit, zu einer solchen Schwangerschaft »Ja« zu sagen?

Einsatzmöglichkeiten

Der Gottesdienst kann als Auftakt zu einem Besinnungstag in der Adventszeit gefeiert werden. Möglich ist auch, dass sich die Frauen an einem Werktag nach dem Gottesdienst zum Frühstück und/oder gedanklichen Austausch treffen.

Eingangslied

Wir sagen euch an (GL 115)

Begrüßung

Die Sängerin und Schauspielerin Erika Pluhar hat einmal ein sehr schönes Lied geschrieben:

Es gibt einen Himmel
Der geht zwischen uns einher
Doch weil er für Geld nicht zu kaufen ist
Sehn wir ihn nicht mehr

Ritzen ihn mit Lügenworten
Treffen ihn mit falschem Tun
Schlagen nach ihm allerorten
Statt bei ihm auszuruhn

Sitzen blind vor Fernsehbildern
Essen Kekse, und die Erde stirbt
Lassen unsere Toleranz verwildern
Während man um Konsumenten wirbt

An den Händen halten sich nicht viele
Mit den Fäusten schlägt man gerne zu
Zwischenräume gelten nicht als Ziele
Träume sind für uns tabu

Und lieben heißt doch nur haben wollen
Und hab ich dich, bring ich dich um
Unsre Zärtlichkeit ist lang verschollen
Wir treiben in einem Vakuum

Kaufen Autos, für jeden ein eignes
Fahren eilig damit in den Tod
Kaufen Gräber, für jeden ein eignes
Zum günstigsten Angebot

Es gibt einen Himmel
Der geht zwischen uns einher
Doch weil er für Geld nicht zu kaufen ist
Sehn wir ihn nicht mehr

Es gibt einen Himmel, auch wenn wir ihn manchmal nicht mehr zu sehen scheinen. Das ist auch die Überzeugung Marias, der Mutter Gottes, die tief in ihrem Leib spürt: Ja, es gibt diesen Himmel. Er wächst in mir heran. Die Verkündigung der Geburt Jesu durch den Engel, die im Zentrum des heutigen Wortgottesdienstes steht, ist für Maria deshalb auch mehr als die Ankündigung eines Kindes.
Lassen wir uns in diesem Gottesdienst auf dieses wunderbare und geheimnisvolle Geschehen ein, das damals in Nazaret geschah. Lassen wir uns mit Maria auf den Samen ein, den Geist der Liebe, den Gott tief in uns hineinpflanzen will.

Kyrie

- Gott sagt »Ja« zu Maria, dem einfachen Mädchen aus Nazaret. Gott sagt »Ja« zu dir und mir. Herr, erbarme dich.
- Maria sagt »Ja« zu Gott, sagt »Ja« zu dem, was er mit ihr vorhat. Sie macht uns Mut, ihr dieses »Ja« nachzusprechen. Christus, erbarme dich.
- Jesus will in uns immer wieder neu geboren werden. Sein »Ja« der Liebe zu den Menschen soll durch uns sichtbare Gestalt bekommen. Herr, erbarme dich.

Der barmherzige Gott erbarme sich unser. Er lasse uns auch in Sünde und Schuld immer wieder sein »Ja« zu uns spüren. Amen.

Gebet

Guter Gott! Manchmal sehen wir moderne Menschen den Himmel nicht mehr, weil wir nur das wahrnehmen, was unsere äußeren Augen sehen. Öffne unsere inneren Augen, öffne die Augen des Herzens, damit wir den Himmel sehen können, den uns offenbar gemacht hat dein Sohn Jesus Christus, unser Herr und Bruder. Amen.

Lesung

»Ehre sei dem, der die Macht hat, euch Kraft zu geben – gemäß meinem Evangelium und der Botschaft von Jesus Christus, gemäß der Offenbarung jenes Geheimnisses, das seit ewigen Zeiten unausgesprochen war, jetzt aber nach dem Willen des ewigen Gottes offenbart und durch prophetische Schriften kundgemacht wurde, um alle Heiden zum Gehorsam des Glaubens zu führen. Ihm, dem einen, weisen Gott, sei Ehre durch Jesus Christus in alle Ewigkeit! Amen.«

(Römer 16,25–27)

Zwischengesang

Weißt du, wo der Himmel ist (Tr 786)

Evangelium

»Im sechsten Monat wurde der Engel Gabriel von Gott in eine Stadt in Galiläa namens Nazaret zu einer Jungfrau gesandt. Sie war mit einem Mann namens Josef verlobt, der aus dem Haus David stammte. Der Name der Jungfrau war Maria.
Der Engel trat bei ihr ein und sagte: Sei gegrüßt, du Begnadete, der Herr ist mit dir.
Sie erschrak über die Anrede und überlegte, was dieser Gruß zu bedeuten habe.
Da sagte der Engel zu ihr: Fürchte dich nicht, Maria; denn du hast bei Gott Gnade gefunden.
Du wirst ein Kind empfangen, einen Sohn wirst du gebären: dem sollst du den Namen Jesus geben. Er wird groß sein und Sohn des Höchsten genannt werden. Gott, der Herr, wird ihm den Thron seines Vaters David geben. Er wird über das Haus Jakob in Ewigkeit herrschen und seine Herrschaft wird kein Ende haben.
Maria sagte zu dem Engel: Wie soll das geschehen, da ich keinen Mann erkenne?
Der Engel antwortete ihr: Der Heilige Geist wird über dich kommen, und die Kraft des Höchsten wird dich überschatten. Deshalb wird auch das Kind heilig und Sohn Gottes genannt werden. Auch Elisabet, deine Verwandte, hat noch in ihrem Alter einen Sohn empfangen; obwohl sie als unfruchtbar galt, ist sie jetzt schon im sechsten Monat. Denn für Gott ist nichts unmöglich.
Da sagte Maria: Ich bin die Magd des Herrn; mir geschehe, wie du es gesagt hast.
Danach verließ sie der Engel.«

(Lukas 1,26–38)

Anregungen zum Evangelium

Eine ungewöhnliche Geschichte – damals wie heute. Die Geburt des Messias – in solchen Verhältnissen? Maria, die damals vermutlich zwischen 12 und 16 Jahre alt war und, wenn man nach dem Beruf ihres Verlobten geht, aus einfachen Verhältnissen stammte, als die Mutter des Gesalbten, des erhofften Retters?
Sollte der Messias ausgerechnet in dieser einfachen und ärmlichen Umgebung zur Welt kommen? Von einem jungen, unerfahrenen Mädchen geboren? Eltern haben, die nicht einmal eine besondere religiöse Ausbildung genossen hatten, weder dem Priestergeschlecht noch dem Stand der Rabbiner, der jüdischen Schriftgelehrten, angehörten?
Und löst nicht auch die Reaktion Marias auf die Engelsbotschaft Fragen aus: Ist es glaubwürdig, dass ein junges Mädchen in einer solchen Situation einfach »Ja« zu einem Kind sagt? Hätte Maria nicht damit rechnen müssen, von ihrer sozialen

Umgebung ausgestoßen zu werden, weil sie ein uneheliches Kind zur Welt bringt? Hätte sie nicht befürchten müssen, dass sie der Mann, den sie liebt, sofort verlässt? Hätte sie nicht gar davon ausgehen müssen, dass sie ohne Arbeit, ohne Sozialversicherung, ohne alles samt Kind im sozialen Abgrund landet?
Und trotzdem sagt sie mit einer ungeahnten Selbstverständlichkeit: »Mir geschehe, wie du es gesagt hast.«
Maria spürt offensichtlich, dass Gott gar keine besondere Mutter für seinen Sohn will. Er will offensichtlich keine besonders mächtige, keine besonders religiöse, keine besonders weise und erfahrene, keine besonders einflussreiche Frau. Er will ganz bewusst dieses einfache Mädchen aus Nazaret.
Eine Frau, die aus besonderen Verhältnissen stammt oder mit besonderen Fähigkeiten ausgestattet ist, hätten wir von uns wegschieben und sagen können: »Was diese getan hat, hat sie nur ihrer besonderen Verhältnisse, ihrer besonderen Begabungen wegen tun können.« Aber genau das können wir bei Maria nicht sagen. Sie ist ein einfacher Mensch wie wir.
Sie fordert dadurch geradezu zur Identifikation heraus. Schlussendlich stehen auch wir vor der Entscheidung, »Ja« zu diesem Kind zu sagen, die Worte Marias zu sprechen: »Mir geschehe, wie du es gesagt hast.«
Trotz aller Schwierigkeiten, die sich um diese Entscheidung ranken, hat Maria tief in sich gespürt: so und nicht anders. Alles in ihr hat sich so sehr für dieses Kind entschieden, dass sie in diesem Moment vermutlich nichts, aber auch gar nichts von dieser Entscheidung hätte abbringen können. Sie spürt ganz tief in ihrem Herzen den Anruf Gottes. Sie spürt sozusagen den Himmel im eigenen Leib, den Himmel, der sie nicht mehr loslässt, der sie so erfüllt, dass sie gar nicht mehr anders kann als »Ja« zu sagen.
Maria ist nicht einfach nur schwanger mit einem Kind. Damit wäre die Erzählung des Lukas zu oberflächlich verstanden. Maria ist schwanger mit einer Hoffnung. Sie ist schwanger vom Geist der Liebe mit dem Himmel auf Erden. Sie spürt, dass Gott in ihr Leben einbricht. Und das lässt sie alle Angst vergessen.
Das heutige Evangelium lädt uns ein, uns mit Maria zu identifizieren, dass auch wir uns von diesem Geist der Liebe treffen lassen, dass er auch in uns die Hoffnung zeugen kann, dass Gott in unsere Welt einbricht, dass auch wir mit dem Himmel auf Erden schwanger gehen.
Jesus will in uns Menschen immer wieder neu geboren werden. Seine Liebe und seine Hoffnung, seine Freiheit und seine Gerechtigkeit wollen in uns lebendig werden, strampeln wie ein wachsendes Kind im Mutterleib, wollen uns voll machen von der Freude, die aus dem Himmel wächst.
Sind auch wir wie Maria bereit, zu dieser Schwangerschaft »Ja« zu sagen? Lässt

auch uns der Anruf Gottes nicht mehr los, zu seiner Botschaft von einem neuen Himmel und einer neuen Erde »Ja« zu sagen?
Gewiss schauen wir wie Maria zunächst in eine ungewisse Zukunft. Gewiss wissen auch wir nicht, was mit einer solchen Schwangerschaft alles auf uns zukommt. Gewiss ist es auch heute nicht leichter als vor 2000 Jahren, sich auf Gott wirklich einzulassen. Gewiss kostet auch heute noch dieser Satz »Mir geschehe, wie du es gesagt hast.« viel Mut und innere Überzeugung, zumal in einer Zeit, in der ja viele mit dem Himmel auf Erden gar nicht mehr rechnen.
Zu denen hat der Evangelist Lukas jedoch nicht gehört. Er will uns ermutigen, will uns Hoffnung schenken: Macht's wie Maria! Geht mit dem Himmel schwanger auf Erden!

Fürbitten

Gott, unsere Mutter und unser Vater, Maria, das einfache Mädchen aus Nazaret hat »Ja« dazu gesagt, mit dem Himmel auf Erden schwanger zu gehen, mit deiner leibhaftigen Ankunft in ihrem Leben zu rechnen. Sie ist uns dadurch zum Vorbild, zur Mutter aller Glaubenden geworden. Mit ihr gemeinsam bitten wir dich:

- Für unsere Kirche: Lass in ihr die Freude deiner Frohbotschaft sicht- und spürbar werden, indem Menschen sich vom Geist der Liebe befruchten lassen und mit dem Himmel auf Erden schwanger gehen.
- Für die Welt unserer Tage: Lass in ihr trotz allen Leids, trotz allen Kriegs und Unfriedens immer wieder sichtbar werden, dass es einen Himmel gibt, der uns oft näher ist, als wir denken.
- Für die Menschen in Hunger und Not: Lass uns den Himmel mit ihnen teilen, indem wir ihnen solidarisch mit unserer Hilfe zur Seite stehen.
- Für uns: Lass uns schwanger werden mit deinem Evangelium, dass die weihnachtliche Freude in uns wachsen kann.

Darum bitten wir dich, der du uns deinen Sohn gesandt hast, um uns mit dem Geist der Liebe zu befruchten. Amen.

Lied zur Gabenbereitung

Wenn das Brot, das wir teilen (Tr 193)

Gebet

Guter Gott, lass Brot und Wein zu himmlischen Gaben werden, die mehr sind als das, was sie sichtbar darstellen. Öffne uns durch sie die inneren Augen, dass du mitten unter uns bist, dass deine Nähe zu uns Menschen größer ist, als wir es wahrnehmen und denken können. Lass uns deine Gegenwart spüren durch Jesus Christus, unseren Herrn und Bruder. Amen.

Sanctus

Sanktus-Kanon (Tr 228)

Friedensgruß

Maria ist schwanger mit Jesus. Maria ist schwanger mit dem Frieden, der durch ihn dieser Welt geschenkt ist. Damit dieser Frieden wachsen kann, müssen wir wie Maria »Ja« sagen zu diesem Kind, »Ja« sagen zu diesem unbedingten Frieden, den Jesus will.
Deshalb bitten wir: Gott, schenke uns den Mut zum Frieden. Schenke uns die Kraft zur Versöhnung. Schenke uns die Stärke, auf Machtdemonstration zu verzichten. Schenke uns den Frieden Jesu Christi.
Dieser Friede Jesu Christi sei alle Zeit mit euch.

Agnus Dei – Kommunion

Maria spricht: »Mir geschehe, wie du es gesagt hast.«
Empfangen wir mit ihr in den Gaben von Brot und Wein seine Nähe und Gegenwart.

Schlussgebet

Herr, unser Gott, es gibt einen Himmel, der geht zwischen uns einher. Wir danken dir für die Momente in unserem Leben, in denen du unser Herz dafür öffnest, in denen wir deine Nähe und Gegenwart spüren dürfen. Wir danken dir für Brot und Wein, in denen wir seine brüderliche Nähe spüren, Jesus Christus, unseren Herrn und Bruder. Amen.

Schlusslied

Wenn der Himmel in unsere Nacht fällt (Tr 791)

Hans-Joachim Remmert

Meditation

Wege gehen mit Gott

Vorüberlegungen

Die Meditation lädt ein, ein einfaches Zeichen in die Mitte zu rücken. Sie geht auf einem ganzheitlichen Weg, auf dem der symbolische Gegenstand und die Gesten einen inneren Weg vorbereiten und anregen. Eine Haltung und ein Stück Glaubensweg Marias wird sinnenhaft und in einer elementaren Weise erschlossen. In diese Offenheit unseres Lebens kann das Wort der Verkündigung, die Frohe Botschaft, gesagt werden.

Einsatzmöglichkeiten

Die Meditation ist geeignet für eine kleinere Gruppe als Früh-/Spätschicht oder als eine Einführung in ein Schriftgespräch über das Magnificat (Lukas 1,46–56).
Die Gedanken können von zwei Sprecherinnen gelesen werden.
Zu Beginn sind in der Mitte mehrere der braunen Tücher als Weg gelegt.

Materialien

- *braune Tücher*
- *mehrere Steine in einem Korb*
- *Dornenzweige*
- *Rose*
- *Kerze*

Lied

Schweige und höre (Tr 164)

Begrüßung

Meditation

S 1:
In unserem Kreis liegt ein Stück Weg.

Unbekannt,
braun wie die Erde,
ein Weg, der nicht weit geht,
ein Stück Weg dieser Erde.

Wir stellen unsere Füße auf den Boden,
erdnah, wegnah.

Hinter uns liegt Weg,
von irgendwoher sind wir gekommen.
Vor uns liegt Weg,
noch unbegangen.
Jetzt bin ich hier.

Die 2. Sprecherin nimmt einen größeren Stein in die Hand.

S 2:
Ich halte einen Stein,
ich fühle ihn, nehme ihn wahr.
Ich gebe ihn weiter im Kreis …

Wenn der Stein im Kreis rundgegeben wurde, wird er auf den Weg gelegt.

Wir sehen das Stück Weg.
Jetzt liegt ein Stein auf dem Weg,
einer für viele?
Ein Weg, dieser Weg,
einfach, steinig, gewöhnlich.

Wird es mein Weg?

S 1:
Heute bin ich Wege gegangen,
gefahren, gelaufen –
wohin?

Ebene Wege, steile,
über Kreuzungen,
krumme Wege,
lange, gerade,
Treppen, Gänge,
über Steine, Berge,
mit Freude,
mit Last und Mühe –
wohin?

S 2:
Ich gehe diesen Weg
unter allen Wegen:

kein bunter Weg,
braun und trocken,
nicht viel begangen,
abseits,
jetzt gehe ich ihn.

Steine werden in einem Korb bereitgestellt, außerdem Dornzweige, evtl. mit einem Tuch ein Berg geformt. Personen aus dem Kreis können nacheinander langsam etwas davon auf den Weg legen und ihn so gestalten.

Wege gehen
zu einem Ziel,

ankommen,
endlich –
wo?

S 1:
Wir schauen einander im Kreis an …

Weggefährtinnen
auf dem Weg –

und ankommen –
wer wartet auf mich?

Staunen –
Gemeinschaft wächst,

Frieden breitet sich aus,
Hoffnung blüht.

Ankommen,
alles ist gut.

Eine Rose wird weitergereicht, evtl. so, dass jede Frau mit der Rose zart an der Hand berührt wird. Dann wird sie auf den Weg gestellt. Eine größere Kerze wird entzündet und auf den Weg zur Rose gestellt.

Maria hörte vom Engel:
Auch deine Verwandte Elisabet hat noch ein Kind empfangen gegen alle Hoffnung und Erwartung.
Denn bei Gott ist kein Ding unmöglich.

Ich will gehen
und schauen
die Spur Gottes,
der das Unmögliche
wahr macht.

Sie trägt
den verborgenen Gott,
das Leben,
in die Welt.

Lied

Magnificat (Tr 534)

Biblischer Text

»Maria sagte: Meine Seele preist die Größe des Herrn, und mein Geist jubelt über Gott, meinen Retter. Denn auf die Niedrigkeit seiner Magd hat er geschaut. Siehe, von nun an preisen mich selig alle Geschlechter.
Denn der Mächtige hat Großes an mir getan und sein Name ist heilig.
Er erbarmt sich von Geschlecht zu Geschlecht über alle, die ihn fürchten.
Er vollbringt mit seinem Arm machtvolle Taten: Er zerstreut, die im Herzen voll Hochmut sind; er stürzt die Mächtigen vom Thron und erhöht die Niedrigen.

Die Hungernden beschenkt er mit seinen Gaben und lässt die Reichen leer ausgehen.
Er nimmt sich seines Knechtes Israel an und denkt an sein Erbarmen, das er unsern Vätern verheißen hat, Abraham und seinen Nachkommen auf ewig.«

(Lukas 1,46–55)

Flöten- oder Gitarrenmusik

Segen

Lied

Geh, geh, geh den Weg

Text und Melodie: Waltraud Schneider

Esther Kaufmann/Meinulf Blechschmidt

Tanz

Mache dich auf und werde licht

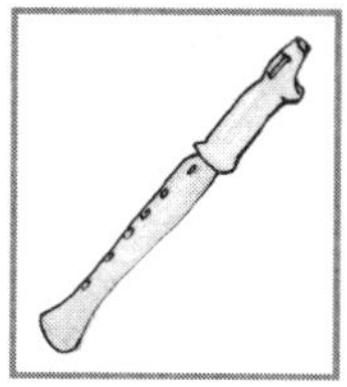

Vorüberlegungen

Der Tanz ist eine in allen Kulturen beheimatete ganzheitliche Form der nonverbalen Kommunikation, in der Gefühle in Bewegungsabläufe umgesetzt werden und dadurch zum Ausdruck gebracht werden. Eine religiöse Dimension gewinnt der Tanz, wenn in ihn Elemente des Lobens und Betens einfließen.

Einsatzmöglichkeiten

Der Tanz kann in Gottesdiensten oder Meditationen getanzt werden.

Materialien

- *für jede Tänzerin eine Kerze*

Mache dich auf und werde licht

Text: Jesaja 60,1
Melodie: Kommunität Gnadenthal

Ausgangsstellung

Die Tanzenden stehen in vier Gruppen in den verschiedenen Ecken des Raumes oder in den Gängen der Kirche. Alle halten in der rechten Hand eine brennende Kerze.

Tanz

Mache dich auf und werde licht!

- *Mit drei Gehschritten und einem Anstellschritt vorwärts gehen. Je nach Gegebenheit auf den Altar, auf ein Kreuz oder einen anderen Blickpunkt zu.*

Mache dich auf und werde licht!

- *Immer zwei Tanzende wenden sich einander zu. Sie überkreuzen die rechten Arme und heben diese samt Kerze hoch.*

Mache dich auf und werde licht,

- *Jede dreht sich um sich selbst, bis alle Gesichter dem Altar oder Kreuz zugewandt sind. Die linke Hand dabei hochheben und ebenfalls an die Kerze legen.*

denn dein Licht kommt.

- *Die Arme mit der Kerze langsam herunternehmen bis auf Herzhöhe.*

Der Kanon wird so lange wiederholt, bis alle Gruppen um den Altar versammelt sind.

Waltraud Schneider

Geschichte

Der Wert der Stille

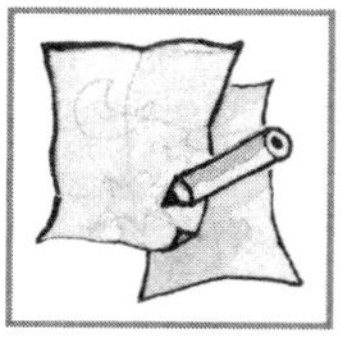

Vorüberlegungen

Im Trubel unserer hektischen Zeit ist das Kostbare oft verborgen und nicht auf den ersten Blick zu erkennen. Wenn wir uns Zeit nehmen und zur Ruhe kommen, wird manches klarer und wir können uns und unseren Weg besser erkennen. Besonders in der Vorweihnachtszeit fehlt uns die Zeit zur Stille. Die Geschichte kann dazu anregen, sie sich öfter zu nehmen.

Einsatzmöglichkeiten

Die Geschichte kann in Meditationen oder Früh-/Spätschichten gelesen werden. Dazu passt die Bibelstelle Matthäus 14,23 (Jesus sucht die Stille, um zu beten) und das Lied »Zeit für Ruhe, Zeit für Stille« (Tr 848).

Mutter und Tochter gehen spazieren. »Mama, wie schaffst du das, trotz der Hektik und deiner vielen Aufgaben so gelassen zu sein?«, fragt die Tochter.
»Ich suche einmal am Tag die Stille«, antwortet die Mutter.
»Und was gibt dir die Stille?«, hakt die Tochter nach.
Sie gelangen an einen Brunnen. Die Mutter schöpft Wasser. Dann sagt sie: »Beuge dich über den Brunnen, was siehst du?«
»Nichts«, antwortet die Tochter verwundert.
Nach einer Weile fordert die Mutter die Tochter auf, nochmals in den Brunnen zu schauen. »Was siehst du jetzt?«
»Mich selbst«, antwortet sie.
»Verstehst du es jetzt? Wenn das Wasser ruhig ist, wenn es also still ist, sieht und findet man sich selbst«, meint die Mutter lächelnd.

Christine Sommer

Ehre sei Gott in der Höhe

Senioren

Meditation

Zur Mitte finden

Vorüberlegungen

Für Mandalas ist es charakteristisch, das sie sich auf einen Mittelpunkt zentrieren. Harmonische Formen oder Muster laufen auf einen Mittelpunkt zu oder sind um eine Mitte angeordnet. Mandalas drücken nicht nur eine Ordnung aus, sondern sie bewirken auch eine Ordnung. Das Gestalten von verschiedenen Formen und Mustern lässt Gedanken und Gefühlen freien Lauf und führt zur inneren Ruhe.
Bekannt sind vor allem Mandalas zum Ausmalen. Man kann ein Kreisbild jedoch auch mit verschiedenen Materialien selbst gestalten.

Einsatzmöglichkeiten

Mit einem Mandala kann eine Raum- oder eine Tischmitte gestaltet werden. Ja nach Raummöglichkeiten kann es evtl. während der Adventszeit liegen bleiben und wird als Mitte für ein regelmäßiges Gebet genutzt.

Materialien

- *runde Tischdecke*
- *evtl. Abdeckfolie*
- *1 dicke Kerze*
- *verschiedene Advents- und Weihnachtsmaterialien, z. B. kleine Tannenzweige, Teelichte, Zapfen, bunte Bänder, Nüsse, Sterne, Äpfel, Stroh, Kugeln*
- *ruhige Musik*

Lied

Wir sagen euch an (GL 115)

Gestalten des Mandalas

Die Tischdecke (und evtl. darunter die Abdeckfolie) liegt bereits zu Beginn auf dem Tisch (oder je nach Rüstigkeit der Teilnehmer/-innen auf dem Boden). Die Stühle für die Teilnehmer/-innen sind um diese Mitte gestellt.
L. erklärt, wie ein Mandala gestaltet wird. Anschließend wird die Kerze in die Mitte gestellt. Die Teilnehmer/-innen suchen sich verschiedene Legematerialien aus und beginnen von der Mitte her das Mandala zu legen. Dazu läuft ruhige Musik.
Wenn das Mandala fertig gestaltet ist, entzündet L. die Kerze in der Mitte.

Biblischer Text

»Dann sah ich einen neuen Himmel und eine neue Erde; denn der erste Himmel und die erste Erde sind vergangen, auch das Meer ist nicht mehr. Ich sah die heilige Stadt, das neue Jerusalem, von Gott her aus dem Himmel herabkommen; sie war bereit wie eine Braut, die sich für ihren Mann geschmückt hat. Da hörte ich eine laute Stimme vom Thron her rufen: Seht, die Wohnung Gottes unter den Menschen! Er wird in ihrer Mitte wohnen, und sie werden sein Volk sein; und er, Gott, wird bei ihnen sein.
Er wird alle Tränen von ihren Augen abwischen: Der Tod wird nicht mehr sein, keine Trauer, keine Klage, keine Mühsal. Denn was früher war, ist vergangen.
Er, der auf dem Thron saß, sprach: Seht, ich mache alles neu. Und er sagte: Schreib es auf, denn diese Worte sind zuverlässig und wahr.
Er sagte zu mir: Sie sind in Erfüllung gegangen. Ich bin das Alpha und das Omega, der Anfang und das Ende. Wer durstig ist, den werde ich umsonst aus der Quelle trinken lassen, aus der das Wasser des Lebens strömt. Wer siegt, wird dies als Anteil erhalten: Ich werde sein Gott sein und er wird mein Sohn sein.«

(Offenbarung 21,1–7)

Gebet

Guter Gott, du bist Anfang und Ende, du bist in unserer Mitte. Lass uns in den kommenden Tagen der Adventszeit spüren, wo unsere Mitte ist. Amen.

Lied

Kündet allen in der Not (GL 106)

Christine Willers-Vellguth

Anspiel

Die Botschaft vom Licht

Vorüberlegungen

In diesem Anspiel wird die Weihnachtsgeschichte nicht auf die klassische Weise gespielt, sondern es werden von verschiedenen Sprechern und Hirten Gedanken vorgetragen. An die Frage, wo Gott in unserer Welt erfahren werden kann, schließt sich die Gewissheit an, dass wir Gott als Mensch in diesem kleinen Kind finden können.

Einsatzmöglichkeiten

Dieses Lesespiel bietet keine fortlaufende Handlung. Es kann z. B. bei einer Weihnachtsfeier eingesetzt werden, bei der die Texte zwischen Instrumentalstücken gesprochen werden. Sehr wirkungsvoll ist es, wenn sich die Sprecher dabei auf verschiedenen Seiten des Raumes befinden und während des Sprechens durch ein Spotlight angestrahlt werden.

Darsteller/-innen:

- *3 Sprecher/-innen (S 1, S 2, S 3)*
- *3 Hirten*

Materialien

- *Verkleidungsutensilien für die Hirten*
- *evtl. Spotlight*
- *Liederzettel mit »O Heiland, reiß die Himmel auf« und »Macht hoch die Tür«*

Lied

O Heiland, reiß die Himmel auf, 1. und 2. Str. (GL 105)

S 1:
Was sagen wir den Menschen,
die Gott nicht hören können
im Lärm der lauten Städte?

S 2:
Herr, komm herab in das Dunkel,
sei nah uns inmitten der Welt.
Herr, öffne du Lippen und Ohren,
Herr, gib uns doch nicht verloren.
Herr, sei im Advent uns nicht fern,
lass heller uns leuchten den Stern.

S 1:
Was sagen wir den Menschen,
die nicht mehr lieben können
und ohne Hoffnung leben?

S 3:
Herr, komm herab ins Dunkel,
sei nah uns inmitten der Welt.
Herr, fülle die Leere der Herzen
und hilf du in Nacht und in Schmerzen.
Bring Hoffnung und Heil jedem Land,
Herr, lenke auch du meine Hand.

Lied

O Heiland, reiß die Himmel auf, 3. und 4. Str.

S 1:
Seht, das Kind im Stall ist da,
glaubt, die Rettung, sie ist nah.
Gott ist bei uns Mensch geworden,
in das Töten, in das Morden
schickt er dieses kleine Kind,
dass ein Neuanfang beginnt.

S 2:
Seht, das Kind im Stall ist da,
glaubt, die Rettung, sie ist nah.
Gott hat unser Leid erlitten,
unsre Freuden, Sorgen, Bitten

hat er so wie wir gespürt,
Spur, die zu dem Bruder führt.

S 3:
Seht, das Kind im Stall ist da,
glaubt, die Rettung, sie ist nah.
Diesen Trost soll niemand rauben,
unser Hoffen, unser Glauben
ist seit Betlehem nicht fern,
und es glänzt noch hell der Stern.

S 1:
Seht, das Kind im Stall ist da,
glaubt, die Rettung, sie ist nah.
Auch wir können uns verwandeln
und in seiner Liebe handeln.
Teil der großen Gottesmacht,
die das Kind in uns entfacht.

Lied

O Heiland, reiß die Himmel auf, 5. und 6. Str.

Hirte 1:
Wir sind vom Felde gekommen,
es war nicht wie zuvor.
Das Wort hat uns getrieben,
wir haben die Botschaft im Ohr.

Alle drei:
Das Wort hat uns getrieben,
wir haben die Botschaft im Ohr.

Hirte 2:
Wir sind beim Kinde gewesen,
ins Dunkel hingekniet.
Das Licht erhellt unsre Herzen,
die Hoffnung der Welt mit uns zieht.

Alle drei:
Das Licht erhellt unsre Herzen,
die Hoffnung der Welt mit uns zieht.

Hirte 3:
Wir sind zu Boten geworden,
nicht Angst noch Nacht uns hält.
Uns ist das Heil verheißen,
wir tragen das Wort in die Welt.

Alle drei:
Uns ist das Heil verheißen,
wir tragen das Wort in die Welt.

S 1:
Herr, hilf uns die Herzen öffnen,
dass wir deinen Ruf verstehn,
dass wir selbst zu Boten werden
und zu unserm Nächsten gehn.

S 2:
Da wollen wir all danken dir,
unserm Erlöser für und für,
da wollen wir all loben dich
zu aller Zeit und ewiglich.

Lied

O Heiland, reiß die Himmel auf, 7. Str.

Lied zum Abschluss

Macht hoch die Tür (GL 107)

Barbara Cratzius

Anspiel

Die Schöpfung jubelt

Vorüberlegungen

In diesem Anspiel kommt eine Stimmung der Erwartung zum Ausdruck: Von Anfang an erwartet die ganze Schöpfung die Geburt eines Kindes, das die Welt verändern wird. Erde, Wolken, Wüste – alles macht sich bereit für die Ankunft Gottes. Alles, was Gott erschaffen hat, bereitet für das Kind seine besondere Gabe. Zu Recht stellt sich am Schluss die Frage: Mit was warten wir dem Kind aus Betlehem auf?

Einsatzmöglichkeiten

Das Weihnachtsspiel kann sehr schön von 8–12-jährigen Kindern aufgeführt werden und eignet sich z. B. für die Gestaltung eines weihnachtlichen Seniorennachmittags.

Darsteller/-innen:

- *Stern: Kind mit einem Stern (z. B. ein großer Schweifstern vom Dreikönigssingen).*
- *Engel: Zwei Kinder in weißen Gewändern, evtl. mit einem goldenen Stirnband.*
- *Mutter Erde: Ein oder zwei Kinder mit braunen Tüchern und einer Schale Erde.*
- *Wüste: Ein Kind, möglichst sandfarben gekleidet, mit einer Schale Sand.*
- *Kornfeld: Zwei Kinder mit Ährenbüscheln.*
- *Wolken: Zwei Kinder tragen blauen und weißen Tüll an Stäben (z. B. Laternenstäbe) herein. Der Tüll ist in Wolkenform gebauscht. Außerdem zwei Kinder mit einem Krug mit Wasser und einer leeren Schale.*
- *Dichter: Zwei Kinder, farbenprächtig mit Schals und Turban zu arabischen Dichtern verkleidet.*
- *Engel Gabriel: Ein Kind in weißem Gewand mit goldenem Stirnband (evtl. stellt einer der Engel vom Anfang des Stücks Gabriel dar).*
- *Mutter Maria: Ein Mädchen mit rotem oder blauem, langem Kleid und Kopfschleier.*
- *Josef: Ein Junge mit braunem, langen Gewand und Wanderstab.*
- *Hirten: Zwei Kinder als Hirten gekleidet. Außerdem als Geschenke der Hirten: eine Milchkanne, ein kleines Fell oder eine Decke, evtl. eine Laterne.*
- *Ein oder zwei Kinder als Erzähler/-in.*

Materialien

- *Verkleidung und Requisiten für die Darsteller/-innen*
- *eine Krippe mit Jesuskind*

Erzähler/-in:
Als vor langer Zeit das erste Weihnachtsfest vorbereitet wurde, da fuhr ein Jubelschrei durch Himmel und Erde. »Gott wird geboren in einem Menschenkind!« Ein Kind als Gottesgeschenk für alle! Die Himmel lachten wie aus einem Mund vor Freude. Sie machten einen Stern

Kind mit Stern tritt auf.

und schickten ihn auf die Reise.

Engel:
Stern, du bist unsere Gabe, eile geschwind!
Nimm unsere Freude mit zu dem Kind!

Das Kind mit dem Stern beginnt mit seiner Wanderung über die Bühne.

Lied

Stern über Betlehem, 1. Str. (Tr 495)

Das Kind mit dem Stern stellt sich vorne auf. Um den Stern herum scharen sich im Verlauf des Spieles die weiteren Darsteller/-innen.

Erzähler/-in:
Die Engel waren schon seit Anbeginn der Welt in das Geheimnis eingeweiht – als Gottesboten und Hüter der himmlischen und irdischen Kräfte.

Engel 1:
Wie froh wir sind, drücken wir aus in Musik!

Engel 2:
Unsere Gabe ist ein Liebeslied!

Lied

Engel auf den Feldern singen (siehe S. 35)

Engel stellen sich zu dem Kind mit dem Stern.

Erzähler/-in:
Mutter Erde nahm das Lied freudig auf. Sie ließ es durch ihre Adern pulsen und verströmte es bis in den letzten Grashalm.

Mutter Erde (Kind hält ein großes braunes Tuch mit beiden Händen hoch) tritt vor; hält dabei eine Schale mit Erde hoch.

Mutter Erde:
In meinem Schoß ist für viele Platz!
Dieses Kind will ich bewahren wie einen kostbaren Schatz!
Eine Höhle werde ich ihm bereiten,
dort soll es geboren werden,
geschützt und behütet will ich es ins Leben geleiten.

Lied

Eine Handvoll Erde (Tr 773)

Mutter Erde stellt sich zum Stern.

Erzähler/-in:
Die Wüste, eine Tochter von Mutter Erde, nahm Wind und Sand und scheuerte in jahrtausendelanger Mühe eine Mulde in einen Stein.

Wüste mit einer Schale Sand tritt auf.

Wüste:
Das ist meine Gabe für den Retter der Welt:
Sein Bett unter dem Sternenzelt.
Eine willkommene Krippe für Esel und Rind,
gefüllt mit Stroh eine Schlafstatt für das Kind.
Meine Stille wird ihm schon bald vertraut,
er, auf den die Welt ihre Hoffnungen baut.

Wüste tritt zu dem Stern.

Erzähler/-in:
Da rauschte das Kornfeld, auch ein Kind von Mutter Erde.

Kinder mit Ährenbüscheln in der Hand treten in die Mitte.

Die Ähren:
Wir geben den Menschen Korn und Halm –
gering nur ist unsere Gabe, bescheiden und arm.
Lasst uns an die Arbeit gehen, geschwind!
Eine Lage Stroh halten wir zurück für das Kind!

Kinder mit den Ähren treten zum Stern.

Erzähler/-in:
Über den Himmel zogen die Wolken hinweg. Sie waren luftige Töchter der Erde und hatten stets einen guten Überblick. Sie riefen:

Wolkenkinder treten auf: Zwei Kinder mit blauen und weißem Tüll, der in Wolkenform an kurzen Stäben befestigt ist, die die Kinder hochhalten. Zwei weitere Kinder tragen einen Wasserkrug und eine Schale, in die sie Wasser gießen.

Wolke 1:
Auch wir wollen dem Kind etwas reichen!

Wolke 2:
Wir sorgen für Wasser – das sei unser Zeichen!

Die Kinder mit den Wolken stellen sich zum Stern.

Erzähler/-in:
Die Wolken regneten den Regen herab und jeder Tropfen funkelte vor Freude.
In einem tiefen Brunnen wartete das Wasser auf den heiligen Augenblick, um das Neugeborene zu waschen.

Lied

O Heiland reiß die Himmel auf, 1. und 2. Str. (GL 105)

Erzähler/-in:
Die Menschen fingen zu ahnen an, was Gott ihnen schenken wollte. Sie träumten und dichteten davon:

Dichter treten auf.

Dichter 1:
Ein Kind, das uns alle heil und gesund machen kann!

Dichter 2:
Mit ihm, heißt es, fängt die Versöhnung an!

Dichter 1:
Eine von uns, eine Mutter, machen wir dem Kind zum Geschenk.

Dichter 2:
Eine starke und treue Frau wird Gott aus unserer Mitte wählen,

Dichter 1:
von ihr werden Weise und Dichter erzählen!

Erzähler/-in:
Der Engel Gabriel besuchte das Mädchen Maria in Nazaret.

Maria und Engel stellen sich in die Mitte.

Engel Gabriel:
Unter allen Frauen hat Gott dich, Maria, erwählt,
durch dich kommt die Liebe Gottes zur Welt!
Zur Mutter seines Sohnes hat er dich bestimmt,
sag, nimmst du an Gottes Gabe – sein Kind?

Erzähler/-in:
Maria dachte nach und sagte dann zu dem Engel:

Maria:
Es geschehe nach Gottes Rat
zu seinem Willen sage ich »Ja!«

Maria setzt sich zu dem Stern auf einen bereitstehenden Stuhl, der Engel Gabriel bleibt in der Mitte stehen.
Josef tritt auf.

Erzähler/-in:
Schneller als ein Gedanke flog der Bote Gottes zu Josef, dem Zimmermann, und traf ihn mitten im Traum. Als Josef erwachte, sagte er:

Josef:
Maria und ihr Kind – sie brauchen mich.
Gott hat sie gerufen – ich lasse sie nicht im Stich!
Im Traum hat Gott mir seine Botschaft gesandt:
Über dies Kind halte ich meine schützende Hand.

Josef stellt sich zu Maria und dem Stern.
Die anderen Darsteller/-innen gruppieren sich zu beiden Seiten um Maria und Josef.
Nun wird das Weihnachtsevangelium vorgelesen. Währenddessen tragen zwei der Engel die Krippe mit dem Kind darin zu Maria und Josef.

Evangelium

»In jenen Tagen erließ Kaiser Augustus den Befehl, alle Bewohner des Reiches in Steuerlisten einzutragen.
Dies geschah zum ersten Mal; damals war Quirinius Statthalter von Syrien. Da ging jeder in seine Stadt, um sich eintragen zu lassen. So zog auch Josef von der Stadt Nazaret in Galiläa hinauf nach Judäa in die Stadt Davids, die Betlehem heißt; denn er war aus dem Haus und Geschlecht Davids. Er wollte sich eintragen lassen mit Maria, seiner Verlobten, die ein Kind erwartete. Als sie dort waren, kam für Maria die Zeit ihrer Niederkunft, und sie gebar ihren Sohn, den Erstgeborenen. Sie wickelte ihn in Windeln und legte ihn in eine Krippe, weil in der Herberge kein Platz für sie war.«

(Lukas 2,1–7)

Erzähler/-in:
Da hielt die ganze Schöpfung den Atem an. Wind und Wasser, Feuer und Erde, Steine und Moos, Muscheln und Sand. Ein großes Warten erfüllte alle Geschöpfe: die Bäume und die Vögel, die Wellen und Fische, Blumen und Schmetterlinge, Löwe und Lamm.

Ochs und Esel standen an der Krippe und ihr Atem wärmte das neugeborene Kind wie ein Geschenk. Nicht alle Menschen hörten das Lied der Engel. Aber die Hirten auf dem nächtlichen Feld verstanden es gut.

Hirten stellen sich in die Mitte; der Engel Gabriel tritt zu ihnen aus der Gruppe um Maria und Josef.

Engel Gabriel:
Heute ist in der Stadt Betlehem der Retter geboren!
Als Zeugen hat Gott euch Hirten erkoren.
In Windeln gewickelt, bei Esel und Rind
findet ihr in einer Krippe das Kind.

Erzähler/-in:
Da ließen die Hirten ihre Herden zurück und machten sich voller Staunen auf den Weg.

Die Hirten wandern auf die Gruppe mit Maria und Josef zu. Währenddessen wird das folgende Lied gesungen, die erste Strophe von den Engeln, die zweite von den Hirten, die dritte von allen.

Lied

Kommet, ihr Hirten

2. Lasset uns sehen in Betlehems Stall,
was uns verheißen der himmlischen Schall.
Was wir dort finden, lasset uns künden,
lasset uns preisen in frommen Weisen: Halleluja.

3. Wahrlich, die Engel verkündigen heut'
Betlehems Hirtenvolk gar großer Freud'.
Nun soll es werden Friede auf Erden,
den Menschen allen ein Wohlgefallen: Ehre sei Gott!

Text: Karl Riedel 1870 nach einem böhmischen Weihnachtslied
Musik: Ölmütz 1847

Erzähler/-in:
Am Rande der Stadt fanden sie die Höhle: Maria und Josef, Esel und Ochs und das Kind in der Krippe. Arm, wie sie waren, hatten sie nicht viel zu verschenken.

Hirte 1:
Wir bringen Milch von unseren Ziegen und Schafen!

Hirte 2:
Und ein warmes Fell für das Kind – darauf mag es schlafen.

Die Hirten legen ihre Gaben vor die Krippe und knien davor nieder.

Erzähler/-in:
Dann wurden die Hirten ganz still und staunten, denn im Reden waren sie nicht geübt. Aber ihr Staunen war ein wunderbares Geschenk.
Nun waren die Weihnachtsgaben alle beisammen: der himmlische Stern, das Loblied der Engel, die Höhle der Erde, die Krippe der Wüste, das Staunen der Hirten, Wasser und Stroh, das Schnauben der Tiere – und die Gaben der Menschen: Mutter und Vater.

Zum Abschluss des Spiels stellen sich nun auch die Erzähler/-innen zur Gruppe.

Erzähler/-in:
Wo ist dein und mein Geschenk für den König der Welt?
Wie ist es um unsere Gaben bestellt?

Dort, wo wir einander gütig die Hände reichen,
und wo Streit dem Frieden muss weichen,

immer, wenn wir einander vertrauen,
und auf die Güte des Nächsten bauen,
wenn wir Liebe schenken, ohne Frage nach Lohn,
das sind unsere Gaben für Gottes Sohn.

Wer nach Betlehem gehen will zu dem Kind,
muss wissen, dass der Weg dort beginnt,
einander nur wirklich zu lieben,
und das könnten wir heute schon üben.

Lied

Geht zu den Ställen heute Nacht (Tr 281)

Maria Hauk-Rakos

Gottesdienst

Ich steh an deiner Krippe hier

Vorüberlegungen

Das Lied »Ich steh an deiner Krippe hier« stammt bereits aus dem 17. Jahrhundert und ist vor allem der älteren Generation vertraut. Paul Gerhardt, der das Lied getextet hat, kann uns »modernen« Menschen mit seiner klangvollen, phantasievollen und bilderreichen Sprache helfen, den Kern von Weihnachten zu begreifen: Ich muss selbst eine liebende Beziehung zwischen mir und dem Jesuskind aufbauen, selbst vor seine Krippe treten, still und mit staunender Freude die Erfahrung der mich anlachenden Zuwendung Gottes machen. Und in der Anbetung von seinem Lichte erleuchtet und beschenkt, weiß ich und vertraue darauf, dass er mich kennt, annimmt und liebt.
Weihnachten ist also nicht das Fest der Unbeteiligten, sondern das Fest, bei dem es um mich geht, um meine Gottesbeziehung, um meine Ergriffenheit, um mein Staunen.

Einsatzmöglichkeiten

Im Mittelpunkt des Gottesdienstes steht das Lied »Ich steh an deiner Krippe hier«. Dieser Gedanke wird nicht nur bedacht, sondern auch praktiziert: Die Mitfeiernden treten bewusst an die Krippe heran. Der Gottesdienst kann in der Weihnachtszeit gefeiert werden, solange die Krippe aufgebaut ist.
»Ich steh an deiner Krippe hier« ist ein sehr phantasievolles, gefühlstarkes Lied. Es ist schön, bei den Strophen zwischen Vorsänger und Volk abzuwechseln. Weiche Töne von Orgel und einer Klarinette oder einer Geige geben dem Lied einen warmen Klang.

Materialien

- *Weihrauchkörner, die von den Mitfeiernden an der Krippe auf glühende Kohle gelegt werden*

Lied

Ich steh an deiner Krippe hier (GL 141)

Predigt

Der berühmte Kirchenlieddichter Paul Gerhardt, ein Kind des 17. Jahrhunderts, kann uns »modernen« Menschen helfen, den Kern von Weihnachten zu begreifen. Was feiern wir heute? Worum geht es?
»Ich steh an deiner Krippe hier, o Jesus, du mein Leben«, so heißt es zu Beginn des Liedes. Und schon hier haben wir uns einige zentrale Fragen zu stellen: Bin ich nur Zuschauer oder bin ich Akteur? Es geht um mich und meine Beziehung zu Jesus. Ich selbst darf vor seiner Krippe stehen und ihn anbeten.
Darum geht es heute, dass wir uns aufmachen zum göttlichen Kind, wie die Heiligen Drei Könige, die vor Jesus niederknien und ihm ihre Gaben bringen:
Gold als Zeichen ihrer Liebe, Weihrauch als Ausdruck ihrer Sehnsucht und Myrrhe, die für ihre Wunden und Schmerzen steht.
So sind auch wir eingeladen, vor Jesus zu treten, vor ihn zu kommen, der unsere Liebe vollkommen macht, der unsere Sehnsucht erfüllt, der unsere Wunden heilt. Weihnachten ist nicht das Fest der Unbeteiligten, sondern das Fest, bei dem ich meine Gottesbeziehung, meine Ergriffenheit, mein Staunen entdecken und entfalten darf. Wenn dann jeder von uns nach vorne geht und vor der Krippe ein Weihrauchkorn auf die Kohle legt, möge uns der Gedanke leiten, dass – so wie der Weihrauch durch die Glut des Feuers zum Duften gebracht wird – mich Gottes Liebe verwandelt und erleuchtet. Jesus ist »das« Geschenk an Weihnachten. Gott schickt Jesus als kleines Kind zu uns, mitten in unsere Welt. Kommt, lasst uns anbeten!

Weihrauchaktion

Alle Mitfeiernden sind eingeladen, an die Krippe zu treten und ein Weihrauchkorn auf die glühende Kohle zu legen.

Lied

Adoramus te (Tr 362 G)

»… bleib ich anbetend stehen«, heißt es in der 4. Strophe des Liedes. Dieser sich immer wiederholende Liedruf aus Taizé kann Raum für Stille und Anbetung schaffen. Der Ruf kann auch die Weihrauchaktion begleiten und vertiefen.

Fürbitten

Jesus, wir danken dir, dass du zu uns gekommen bist. Vor dich bringen wir unsere Bitten:
V/A: Lass dein Angesicht über uns leuchten!

- Für alle, die sich einsam und verlassen fühlen, bitten wir:
- Für alle, die krank sind, bitten wir:
- Für alle, die mutlos und traurig sind, bitten wir:
- Für alle, die eine schwere Schuld belastet, bitten wir:
- Für alle, die nicht mehr weiterwissen, bitten wir:
- Für alle, die in Streit und Unfrieden leben, bitten wir:

Segen des Aaron

Unser Lied »Ich steh an deiner Krippe hier« kündet in poetischer Art und Weise von Gottes Güte und Liebe zu uns Menschen, die an der Krippe, also am Weihnachtsfest besonders deutlich wird. Das Stehen (oder Knien) an der Krippe schafft Nähe und Blickkontakt. Als Mensch lebe ich davon, wie ich angeschaut werde oder ob überhaupt jemand nach mir (z.B. als Kranker) sieht.
Ich gewinne Ansehen, indem mich jemand anschaut. Alles, was lebt, will angeschaut werden. Seit Jahrtausenden wird uns Gottes Zuneigung mit den Worten des Aaronsegens zugesagt: Gott wendet sein Angesicht nicht von uns ab. Er schaut mich an. Er kennt mich, wie Paul Gerhardt in der 2. Strophe eindrucksvoll erzählt. Gott übersieht mich nicht. Er ist das Licht mitten in der Dunkelheit, wie es in der 3. Strophe heißt. Im Schauen seines Angesichts verändert sich auch mein Blick, der von Gottes Liebe erleuchtet wird.
Liebe Mitfeiernde, ich wünsche uns allen die Nähe zu Gott, damit wir seine Güte und sein Licht in unserem Leben entdecken und spüren dürfen.

Sein Segen sei in dieser Stunde bei uns:

»Der Herr segne dich und behüte dich.
Der Herr lasse sein Angesicht über dich leuchten und sei dir gnädig.
Der Herr wende dir sein Angesicht zu und schenke dir Heil.«

(Numeri 6,24–26)

Konrad Raischl

Geschichte

Der Weihnachtsnarr

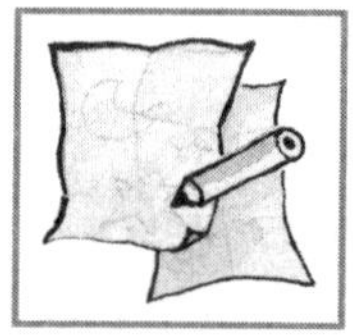

Vorüberlegungen

Ein Narr ist unterwegs zur Krippe. Als Geschenke für den neuen König fallen ihm nur seine Narrenkappe, sein Glockenspiel und seine Blume ein. Unterwegs verschenkt er genau diese drei Dinge an Kinder, die sie brauchen. Bei der Krippe angekommen merkt der Narr: Alles, was ich verschenkt habe, habe ich für diesen kleinen König hingegeben.

Einsatzmöglichkeiten

Die Geschichte kann schön an einem weihnachtlichen Nachmittag erzählt werden. Anschaulicher wird sie, wenn die drei Dinge, die der Narr bei sich führt, auch wirklich vorhanden sind und gezeigt werden können.
Es ist auch möglich, die Geschichte von Kindern szenisch darstellen zu lassen: Ein Erzähler liest die Geschichte vor und die Kinder bewegen sich pantomimisch dazu.

Materialien

- *Narrenkappe*
- *Glockenspiel*
- *Blume*

Im Morgenlande lebte vor zweitausend Jahren ein junger Narr. Und wie jeder Narr sehnte er sich danach, weise zu werden. Er liebte die Sterne und wurde nicht müde, sie zu betrachten und über die Unendlichkeit des Himmels zu staunen. Und so geschah es, dass in der gleichen Nacht nicht nur die Könige Kaspar, Melchior und Balthasar den neuen Stern entdeckten, sondern auch der Narr.
Der Stern ist heller als alle andern, dachte er, es ist ein Königsstern. Ein neuer Herrscher ist geboren. Ich will ihm meine Dienste anbieten, denn jeder König braucht auch einen Narren. Ich will mich aufmachen und ihn suchen. Der Stern wird mich führen.
Lange dachte er nach, was er dem König mitbringen könne. Aber außer seiner Narrenkappe, seinem Glockenspiel und seiner Blume besaß er nichts, was ihm lieb

war. So wanderte er davon, die Narrenkappe auf dem Kopf, das Glockenspiel in der einen und die Blume in der anderen Hand.
In der ersten Nacht führte ihn der Stern zu einer Hütte. Dort begegnete er einem Kind, das gelähmt war. Es weinte, weil es nicht mit den anderen Kindern spielen konnte. Ach, dachte der Narr, ich will dem Kind meine Narrenkappe schenken. Es braucht die Narrenkappe mehr als ein König. Das Kind setzte sich die Narrenkappe auf den Kopf und lachte vor Freude. Das war dem Narr Dank genug.
In der zweiten Nacht führte ihn der Stern zu einem Palast. Dort begegnete er einem Kind, das blind war. Es weinte, weil es nicht mit den anderen Kindern spielen konnte. Ach, dachte der Narr, ich will dem Kind mein Glockenspiel schenken. Es braucht das Glockenspiel mehr als ein König. Das Kind ließ das Glockenspiel ertönen und lachte vor Freude. Das war dem Narr Dank genug.
In der dritten Nacht führte ihn der Stern zu einem Schloss. Dort begegnete er einem Kind, das taub war. Es weinte, weil es nicht mit den anderen Kindern spielen konnte. Ach, dachte der Narr, ich will dem Kind meine Blume schenken. Es braucht die Blume mehr als ein König. Das Kind betrachtete die Blume und lachte vor Freude. Das war dem Narr Dank genug.
Nun bleibt mir nichts mehr, dachte der Narr, was ich dem neuen König mitbringen könnte. Es ist wohl besser, wenn ich umkehre. Aber als der Narr zum Himmel emporschaute, stand der Stern still und leuchtete heller als sonst. Da fand er den Weg zu einem Stall mitten auf dem Feld. Vor dem Stall begegnete er drei Königen und einer Schar Hirten. Auch sie suchten den neuen König. Er lag in einer Krippe, war ein Kind, arm und bloß. Maria, die eine frische Windel übers Stroh breiten wollte, schaute hilfesuchend um sich. Sie wusste nicht, wo sie das Kind so lange hinlegen sollte. Josef fütterte den Esel und alle andern waren mit Geschenken beladen. Die drei Könige mit Gold, Weihrauch und Myrrhe, die Hirten mit Wolle, mit Milch und Brot. Nur der Narr stand da mit leeren Händen. Voll Vertrauen legte Maria das Kind auf seine Arme.
Er hatte den König gefunden, dem er in Zukunft dienen wollte. Er wusste auch, dass er seine Narrenkappe, sein Glockenspiel und seine Blume für dieses Kind hingegeben hatte. Und das Kind schenkte ihm nun mit seinem Lächeln die Weisheit, nach der er sich sehnte.

Max Bolliger

Licht in der Nacht

Gesamtgemeinde

Aktion

Ein Adventskalender besonderer Art

Vorüberlegungen

In einigen Gemeinden wird seit einigen Jahren ein besonderer Adventskalender durchgeführt. In der Kirche bzw. an den Fenstern der Bücherei, die bei der Kirche steht, wird jeden Tag, vom 1. bis zum 24. Dezember, ein gebasteltes Bild aufgehängt und dazu eine kleine besinnliche Adventsstunde gefeiert.

Einsatzmöglichkeiten

Dieser Vorschlag kann in Gemeinden zum Einsatz kommen, in denen man davon ausgehen kann, dass sich genügend Familien finden, die ein solches Bild gestalten. Möglich ist es auch, verschiedene Institutionen (Schule, Kindergarten, Altenheim usw.) in diese Aktion mit einzubinden.

Materialien

- *schwarzes Tonpapier*
- *gestaltete Liedzettel für die gemeinsame Adventsstunde*

Vorbereitung

Die Vorbereitungsgruppe sucht im Vorfeld 24 Familien oder Kinder, die je ein Transparentbild basteln wollen. Es ist sinnvoll, Kinder oder Familien direkt anzusprechen. Das Thema der Bilder ist Advent. So entstehen im Laufe der Adventszeit 24 verschiedene Kunstwerke mit Kerzen, Heiligen, Sternen und vielem mehr. Als Hilfe wird den Bastlern nur ein quadratisches, schwarzes Tonpapier mitgegeben (ca. 35 × 35 cm), ansonsten sind sie in ihrer Gestaltung völlig frei.

Durchführung

Zur täglichen, abendlichen Adventsfeier ist die gesamte Gemeinde eingeladen. Sie dauert ca. 15 Minuten. Zu Beginn wird das Bild an der entsprechenden Stelle befestigt und gemeinsam angeschaut und gegebenenfalls erklärt. Im Anschluss daran

kann sich eine Geschichte anfügen, es werden Lieder gesungen und ein Gebet gesprochen.
Am 23. Dezember trifft sich die Vorbereitungsgruppe und vollendet nach der kleinen Adventsfeier das Adventsbild mit einem Rahmen aus Tonpapier. Mit diesem Rand (ca. 3 cm breit) wird der Eindruck von einem großen Gesamtbild noch verstärkt.

Abschluss

Nach dem Dreikönigsfest werden alle Beteiligten und auch die Gemeinde noch einmal eingeladen, um gemeinsam die Bilder wieder abzuhängen. Auch hierbei wird gesungen, gebetet und gedankt. Zum Ausklang geht es ins Pfarrheim zum Gespräch bei Gebäck und Tee.

Nach einer Idee von Dieter Klement

Aktion

Herbergssuche im Advent

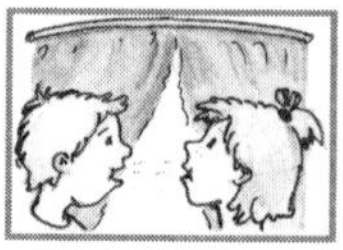

Vorüberlegungen

Alle Jahre wieder wird darüber geklagt, die Zeit des Advents werde so sehr durch den Geschenke-Stress und durch kommerzialisierte »Weihnachtsfeiern« überdeckt, dass viele Menschen kaum mehr in der Lage sind, innerlich zur Ruhe zu kommen und sich auf das eigentliche Festgeheimnis einstimmen zu können. Daher kam vor Jahren in einer Jugendrunde die Idee auf, den Brauch der »Herbergssuche« in der Gemeinde aufzugreifen.
In einem Eine-Welt-Laden wurde ein südamerikanisches Tonrelief erstanden, dass Josef und die hochschwangere Maria auf ihrer Wanderung nach Betlehem darstellt. Dieses Relief sollte auf »Herbergssuche« in der Gemeinde gehen.
Für je einen Tag oder Abend wird das Bild bei einer Person/Familie »gastlich aufgenommen«; alleine oder mit anderen nimmt sich der Gastgeber dann etwa eine halbe Stunde Zeit zu Gebet und Besinnung.

Einsatzmöglichkeiten

Diese Aktion kann in jeder Gemeinde durchgeführt werden, in der sich genug Gemeindemitglieder bereit erklären, Gastgeber zu sein. Eine ausführliche Ankündigung im Pfarrbrief und in den Vermeldungen, sowie gute Mundpropaganda und das persönliches Ansprechen verschiedener Gemeindemitglieder helfen sicherlich zu einem guten Gelingen.

Materialien

- *ein Bild (Tonfiguren oder Christusikone), das eine Herberge sucht*
- *schönes Tuch als Unterlage für das Bild*
- *Kerze*
- *Notizbuch (evtl. mit schönem Umschlag) mit leeren Seiten*

Durchführung

Nach Bekanntmachung der Aktion wird eine Liste der einzelnen Gastgeber angelegt. Darin sind auch die jeweiligen Adressen vermerkt. Allen wird eine Kopie zugesandt, so dass das Bild dem Nächsten jeweils persönlich gebracht werden kann. Es entsteht eine Kette des Gebets, aber auch des gegenseitigen Besuchens.
Gemeinsam mit dem Bild werden auch das Tuch, die Kerze und das Notizbuch weitergegeben.
Das Notizbuch enthält auf den ersten Seiten eine kurze Erklärung der Idee, Anregungen für die Gestaltung der Besinnung und einige Gebetstexte. Auf den weiteren Seiten werden die Gastgeber eingeladen, selbst Anmerkungen, Vorschläge oder Gebete einzutragen.

Einleitungstext für das Buch zur Herbergssuche

Maria und Josef suchen eine Herberge, in der ihr Kind zur Welt kommen kann. In den Gast-Häusern dieser Welt ist kein Platz für sie. Doch Jesus soll zur Welt kommen, er soll es auch heute. Er sucht nach Menschen, die ihn aufnehmen, die Rast und Gastfreundschaft bieten. Nimm ihn heute auf, und wenn es nur ein paar Minuten sind. Du brauchst doch auch immer wieder jemanden, der dich aufnimmt. Du brauchst einen Ort, der dich beherbergt, wo du ganz zu dir kommen kannst. Du brauchst einen gastlichen Raum, eine gastliche Zeit für deine Seele. Er will dir diesen Raum, diese Zeit schenken – heute.

Anregungen für die Gestaltung

Suche dir einen oder mehrere der unten angeführten Punkte aus, die dich ansprechen. Es gibt kein Pensum, das du ableisten müsstest. Die folgenden Punkte sind nichts als Vorschläge, die Zahlen sollen auch keine Reihenfolge festlegen.

1. Suche dir in aller Ruhe einen Platz aus, an dem du das Bild aufstellen möchtest. Breite das Tuch aus. Stelle das Bild auf. Zünde die Kerze an. Dann tue erst einmal nichts. Schau das Bild an.
2. Lies eines der folgenden Worte der heiligen Schrift. Lies es langsam, halblaut. Lies es mehrmals. Ein Wort oder ein halber Satz, der dir auffällt, kann deutlicher zu dir sprechen, wenn du ihn langsam drei Mal wiederholst. Probiere es einfach mal aus.

- »Ich stehe vor der Tür und klopfe an. Wer meine Stimme hört und die Tür öffnet, bei dem werde ich eintreten, und wir werden Mahl halten, ich mit ihm und er mit mir.«

  (Offenbarung 3,20)

- »Als sie dort waren, kam für Maria die Zeit ihrer Niederkunft, und sie gebar ihren Sohn, den Erstgeborenen. Sie wickelte ihn in Windeln und legte ihn in eine Krippe, weil in der Herberge kein Platz für sie war.«

  (Lukas 2,6–7)

- »Dann kam ein Mann aus Samarien, der auf der Reise war. Als er ihn sah, hatte er Mitleid, ging zu ihm hin, goss Öl und Wein auf seine Wunden und verband sie. Dann hob er ihn auf sein Reittier, brachte ihn zu einer Herberge und sorgte für ihn.«

  (Lukas 10,33–34)

- »Jesus sagte: Die Füchse haben ihre Höhlen und die Vögel ihre Nester; der Menschensohn aber hat keinen Ort, wo er sein Haupt hinlegen kann.«

  (Matthäus 8,20)

3. Überlege dir, wann du dich zum letzten Mal geborgen gefühlt hast. Vielleicht ist das schon lange her. Lass die Erinnerung ganz deutlich werden. Was oder wer hat dir dazu geholfen, dich dabei unterstützt oder bestärkt?
   Auch dann, wenn in dir keine Erinnerung an Geborgenheit aufkommen will, sondern vielleicht nur Sehnsucht: Überlege, wem du ein Stück Geborgenheit schenken könntest. Wen könntest du in der nächsten Woche zu dir einladen? Bei wem wäre es schon längst an der Zeit? Wer könnte es gut gebrauchen? Wozu möchtest du ihn einladen: Zu einem Glas Wein, einem gemeinsam angehörten Musikstück, zum Gespräch, zum einfachen Essen?

4. Denke an ein paar Menschen, denen du Geborgenheit und Gottes Segen wünschst. Sage Gott langsam ihre Namen; denke an ihre Gesichter. Bete langsam und mit Pausen das »Vater unser«.

5. Such dir eines der vorgeschlagenen Gebete aus, oder bete frei nach deinem eigenen Herzen. Wenn du möchtest, schreibe ein eigenes Gebet auf eine freie Seite im Buch.

Du bist die Mitte, Herr,
je näher wir dir kommen,
sind wir auch einander nah
und Freunde.
Du bist die Mitte, Herr,
je näher wir uns kommen,
sind wir auch dir selber nah
und Freunde.

Nichts soll dich verwirren,
nichts soll dich entmutigen.
Alles geht vorüber.
Gott bleibt allein derselbe.
Alles erreicht der Geduldige,
und wer Gott hat,
der hat alles.
Gott allein ist genug.
Mein Herr und mein Gott,
nimm alles von mir, was mich hindert zu dir.
Mein Herr und mein Gott,
gib alles, was mich fördert zu dir.
Mein Herr und mein Gott,
nimm mich mir und gib mich ganz zu eigen dir.

Herr, mache mich zu einem Werkzeug deines Friedens,
dass ich liebe, wo man hasst;
dass ich verzeihe, wo man beleidigt;
dass ich verbinde, wo Streit ist;
dass ich die Wahrheit sage, wo der Irrtum ist;
dass ich Glauben bringe, wo Zweifel droht;
dass ich Hoffnung wecke, wo Verzweiflung quält;
dass ich Licht entzünde, wo Finsternis regiert;
dass ich Freude bringe, wo Kummer wohnt.

Der Herr sei vor dir,
um dir den rechten Weg zu zeigen.
Der Herr sei neben dir,
um dir zur Seite zu stehen und dich zu verteidigen.
Der Herr sei hinter dir,

um dir den Rücken zu stärken.
Der Herr sei unter dir,
um dich zu tragen und aufzufangen.
Der Herr sei um dich herum,
um dich in die Arme zu schließen und dich zu trösten.
Der Herr sei über dir,
um dich zu behüten.
So segne dich der gütige Gott,
der Vater, der Sohn und der heilige Geist.

Herr, in deine Hände,
da leg ich Tag und Nacht;
vom Anfang bis zum Ende
hab du auf mich Acht.

6. Wenn dir Gedanken gekommen sind, Fragen oder Ideen, oder falls du ein Gebet, ein Gedicht oder sonst etwas Gutes kennst – die leeren Seiten dieses Buches laden dich dazu ein, sie zu füllen. Vielleicht wächst auf dem Weg der Herbergssuche auch eine kleine Sammlung guter Gedanken. Und du kannst einen Teil dessen, was dir geschenkt wurde, anderen weiter schenken. Keine Scheu!

Erich Schredl

Aktion

Friedenslicht aus Betlehem

Vorüberlegungen

In der Geburtsgrotte von Betlehem bezeichnet ein silberner Stern die Stelle, an der Jesus geboren sein soll. Von dort ging ein Licht aus, an dem sich Christen auf der ganzen Welt orientieren. Zeichenhaft wird dieses Licht entzündet und weiter gereicht: Es macht nachdenklich, wenn man ein Licht in Händen hält, das über viele tausend Kilometer weiter gegeben wurde. Es kann ein Licht unseres Glaubens sein, der über zweitausend Jahre an uns weitergegeben wurde. Es kann auch ein Zeichen für den Frieden sein, der nur von Hand zu Hand sorgsam weiter gereicht und behütet werden kann und ständig in Gefahr ist, »ausgelöscht« zu werden.

Einsatzmöglichkeiten

Seit fast zwanzig Jahren wird jedes Jahr zur Adventszeit in der Geburtskirche Jesu in Betlehem ein Licht entzündet, das österreichische Pfadfinder nach Europa bringen und verbreiten. Diese Initiative der Pfandfinder versteht sich als Zeichen für den Frieden. Das Friedenslicht aus Betlehem hat sich mittlerweile im gesamten deutschen Sprachraum an vielen Orten etabliert.
Im Jahr 1999 haben sich die Katholischen Bischöfe Deutschlands gemeinsam mit den evangelischen Landeskirchen und den Pfadfinderverbänden dieser Idee angeschlossen. Zum Advent wird das Licht in Betlehem entzündet; an der Feier nehmen christliche Pfadfinder Palästinas und Israels teil. Mit einem Linienflug wird das Friedenslicht nach Deutschland gebracht. Danach soll das Licht aus Betlehem in allen Domen der deutschen Bistümer ankommen. Pfarreien, Gemeinschaften und Gruppen können dort das Licht in Empfang nehmen.
Unter www.friedenslicht.de sind im Internet weitere Informationen über das Friedenslicht von Betlehem zu finden.

I. Empfang des Friedenslichtes in der Gemeinde

Friedenslauf

Das Licht sollte zumindest das letzte Stück seines Weges »zu Fuß« getragen werden. Vielleicht ist es sogar möglich, eine »Friedens-Staffel« zu bilden. Von einem markanten Punkt der Umgebung wird das Licht von Läufer zu Läufer weiter gereicht und schließlich in der Kirche empfangen. Ein solcher markanter Punkt kann

neben einem Wegkreuz, einer Kapelle oder anderen religiösen Wegzeichen auch ein Krankenhaus, Altersheim, Frauenhaus, Asylbewerberheim oder eine andere für die jeweilige Wohnortsituation prägende Örtlichkeit sein.
Zur Sicherheit sollten neben dem Windlicht, in dem das Friedenslicht getragen wird, noch ein bis drei Petroleumlampen oder andere besonderes geschützte Behältnisse vorbereitet werden, deren Licht ebenfalls mit dem empfangenden Friedenslicht entzünden wird. Bei der Übergabe an die Stafettenläufer kann der Kanon »Mache dich auf und werde licht« (siehe S. 161) gesungen werden.

Vor der Türe der Kirche

In der Kirche ist es dunkel, keine Altarkerze brennt. Der liturgische Dienst erwartet (mit der Gemeinde oder wenigstens einem Teil von ihr) das Friedenslicht von Betlehem an der Türe der Kirche (oder des Kirchhofs).
Der liturgische Leiter nimmt das Friedenslicht entgegen und stimmt die Kyrie-Litanei »Tau aus Himmelhöhn« (GL 103) an. Hinter dem Licht ziehen der liturgische Dienst , die Lichtträger/-innen und die Gemeinde in die Kirche ein. Dabei wird »Macht hoch die Tür« (GL 107) gesungen. Am Friedenslicht werden nun die Altarkerzen und dann alle anderen Kerzen entzündet.

In der Kirche

Es bietet sich an, die Vesper in der Adventszeit aus dem Gotteslob (GL 122ff.) zu singen oder zu beten. Dabei dürfen die Kyrie-Litanei und das Lied zum Einzug bereits als Eröffnung und Hymnus gelten, so dass sich gleich die Psalmen anschließen können. Statt des »Magnificat« bietet sich diesmal das »Nunc dimittis« (GL 700) an, das sonst als Gesang der Komplet genommen wird.

Lesung

»Höre, Israel, die Gebote des Lebens;
merkt auf, um Einsicht zu erlangen.
Wärest du auf Gottes Weg gegangen,
du wohntest in Frieden für immer.
Nun lerne, wo die Einsicht ist,
wo Kraft und wo Klugheit,
dann erkennst du zugleich,
wo langes Leben und Lebensglück,
wo Licht für die Augen und Frieden zu finden sind.«

(Baruch 3,9.13–14)

Fürbitten

Lasst uns beten zu Jesus Christus, denn er ist der Weg, die Wahrheit und das Leben: Komm, Herr Jesus. – A: Komm, Herr Jesus.

- Du bist der Herr deines Volkes –
  komm und steh deiner Kirche bei, die deine Botschaft des Friedens verkündet.
  Komm, Herr Jesus.
- Du bist die Weisheit Gottes im Beginn aller Schöpfung –
  komm und bewahre unsere Erde vor Vergiftung und Zerstörung.
  Komm, Herr Jesus.
- Du bist der Spross aus der Wurzel Isai –
  komm und offenbare dich dem jüdischen Volk und allen, die Gott suchen.
  Komm, Herr Jesus.
- Du bist der Schlüssel Davids –
  komm und führe Israel und Palästina zu einem gerechten Frieden.
  Komm, Herr Jesus.
- Du bist der König der Völker –
  komm und stehe den Menschen bei, die Ungerechtigkeit niederdrückt.
  Komm, Herr Jesus.
- Du bist der Morgenstern der finstern Nacht –
  komm und schenke den kranken und behinderten Menschen das Licht der Hoffnung.
  Komm, Herr Jesus.
- Du bist der Immanuel, dessen Name heißt: Gott ist bei uns –
  komm und schenke unseren Familien und Gruppen inneren Frieden.
  Komm, Herr Jesus.

Herr, erbarme dich.
Christus, erbarme dich.
Herr, erbarme dich.

Vater unser …

Schlussgebet

Allmächtiger Gott und Vater des Lichts, wir durften das Friedenslicht aus Betlehem unter uns willkommen heißen. Bald dürfen wir das ewige Licht, das uns in Betlehem aufgestrahlt ist, deinen Sohn Jesus, als unseren Herrn begrüßen und seine Geburt feiern. Lass uns die Friedensbotschaft, die die Engel über der Krippe verkündeten, in unsere Familien und Gruppen, in unsere Wohnungen, unsere Gemeinde und unseren Ort tragen. Bleibe bei uns mit dem Licht des Glaubens, der Hoffnung und der Liebe. Darum bitten wir durch Christus, unseren Herrn. Amen.

Lied

Komm, du Heiland aller Welt (GL 108)

Das Friedenslicht wird währenddessen an alle Mitfeiernden ausgeteilt.

II. Gebet in Familie und Gruppe

Es kann sein, dass das Friedenslicht noch vor Weihnachten in die Familie oder Gruppe gelangt, direkt am Heiligen Abend oder erst an den Weihnachtstagen. Daher ist das Gebet unterschiedlich zu gestalten, nicht nur bei der Auswahl der Lieder. Aus diesem Grund sind hier nur wenige Grundelemente vorgeschlagen, die je nach Situation verwendet werden können.

Empfang an der Haustüre

Die Tür ist geöffnet. Die Person, die das Licht trägt, stellt sich auf die Türschwelle und spricht:

Gott segne dieses Haus mit seiner Gnade und seinem Frieden. Es segne alle, die über diese Schwelle treten. Er selbst komme über unsere Schwelle und teile unser Leben mit uns.

Wir rufen Christus um seine Gegenwart in unserer Mitte an:

- Du kommst herein in das Haus unseres Lebens. – A: Bleibe bei uns!
- Du bleibst bei uns, wenn es Abend wird …
- In deiner Nähe gehen die Augen des Herzens auf …
- In deiner Nähe wird alles Finstere hell …
- In deiner Nähe bekommen wir Mut …
- In deiner Nähe wird alles neu …
- In deiner Nähe leuchtet uns der Friede auf …

Bei unserer Geburt haben wir das Licht der Welt erblickt und in der Taufe Jesus das wahre Licht gefunden. So bitten wir: Du göttliches Licht! Leuchte in den Augen der Menschen; strahle auf in ihrem Leben. Sei du uns Stern in der Nacht und Sonne am Tag. Amen.

Lesung

»Das Volk, das im Dunkel lebt, sieht ein helles Licht; über denen, die im Land der Finsternis wohnen, strahlt ein Licht auf. Du erregst lauten Jubel und schenkst große Freude. Man freut sich in deiner Nähe, wie man sich freut bei der Ernte, wie man jubelt, wenn Beute verteilt wird. Denn wie am Tag von Midian zerbrichst du das drückende Joch, das Tragholz auf unserer Schulter und den Stock des Treibers. Jeder Stiefel, der dröhnend daherstampft, jeder Mantel, der mit Blut befleckt ist, wird verbrannt, wird ein Fraß des Feuers. Denn uns ist ein Kind geboren, ein Sohn ist uns geschenkt. Die Herrschaft liegt auf seiner Schulter; man nennt ihn: Wunderbarer Ratgeber, Starker Gott, Vater in Ewigkeit, Fürst des Friedens. Seine Herrschaft ist groß und der Friede hat kein Ende.«

(Jesaja 9,1–6a)

Fürbitten

Nach jeder Bitte wird eine kurze Stille gehalten, dann spricht der/die Sprecher/-in den Satz: »Schenke deinen Frieden, Herr«, den alle wiederholen.

Herr Jesus Christus, du hast gesagt: »Frieden hinterlasse ich euch; meinen Frieden gebe ich euch«. Um diesen Frieden beten wir:

- Beten wir für alle Völker und Gegenden dieser Erde, in denen Krieg herrscht.
- Beten wir um Frieden zwischen Muslimen, Juden und Christen in Palästina.
- Beten wir für die Volksgruppen, Nationen und Gäste in Europa.
- Beten wir für alle, die sich immer wieder in Gewalt flüchten.
- Beten wir für alle misshandelten Kinder und Jugendlichen.
- Beten wir für alle, die den Weg der Gewaltlosigkeit gehen.
- Beten wir für alle, die mit jemandem in Streit leben.
- Beten wir für die Menschen, mit denen wir selbst uns schwer tun.
- Beten wir für alle, die inneren Frieden suchen.

Herr Jesus, du bist unser Friede. Du bist es, der wahren Frieden schenkt. Schaffe der Versöhnung Raum unter uns und auf der ganzen Erde und stärke uns auf dem Weg der Gewaltlosigkeit, der du lebst und herrschst in Ewigkeit. Amen.

Austeilen des Lichts

Das Friedenslicht wird entweder reihum jedem Mitfeiernden in die Hand gegeben oder es werden Teelichte an alle verteilt (am besten mit Windschutz-Glas.) Dabei wird zu jedem einzelnen gesagt:

Nimm das Licht des Friedens. Bewahre es und lass es in dir leuchten. Gib es weiter und vermehre so seinen Glanz.

III. Das Friedenslicht in der Christmette

Es liegt nahe, das Friedenslicht in die Feier der Christmette einzubeziehen. Dies kann genauso geschehen wie oben beim Punkt »Vor der Kirche« beschrieben. Eine andere Möglichkeit bietet sich zum Gesang des Gloria:

Zum Gloria

Die Engel verkündeten über der Krippe Jesu den Frieden auf Erden. Der Gesang der Engel ist in die Feier der heiligen Messe eingegangen als Gloria-Gesang. Wir dürfen heute das Friedenslicht aus Betlehem bei uns aufnehmen. Dieses Licht stellen wir zum ewigen Licht, das immer vor dem Tabernakel brennt. Dieses Licht sagt uns: Gott ist Friede. Aller Friede strahlt von ihm aus. In ihm finden wir Frieden. Dem ewigen Gott, der unser Friede ist, bringen wir im Gloria unser Loblied dar.

Tagesgebet

Allmächtiger Gott und Vater des Lichts, wir durften das Friedenslicht aus Betlehem unter uns willkommen heißen. Heute dürfen wir deinen Sohn Jesus begrüßen als das ewige Licht, das uns in Betlehem aufgestrahlt ist. Wir feiern das Fest seiner Geburt. Lass uns die Friedensbotschaft, die die Engel über der Krippe verkündeten, mit offenen Ohren und Herzen aufnehmen. Bleibe bei uns mit dem Licht des Glaubens, der Hoffnung und der Liebe. Darum bitten wir durch Jesus Christus, deinen Sohn, unseren Bruder und Herrn, der eins mit dir und dem heiligen Geist lebendig ist und Herr bleibt in alle Ewigkeit. Amen.

Erich Schredl

Christmette

Und immer wieder wie verzaubert

Vorüberlegungen

In diesem Gottesdienst wird der innere Zusammenhang von Weihnachten und Ostern hergestellt. Deshalb werden auch einige Elemente von der Auferstehungsfeier in die Christmette mit hinein genommen (z. B. beim Einzug Licht in die dunkle Kirche tragen; an diesem Licht aus Betlehem werden die Kerzen der Gläubigen angezündet).
Es gibt eine Reihe von Parallelen zwischen Weihnachten und Ostern. Die Hirten werden vom »Glanz des Herrn« umstrahlt wie die Frauen am Ostermorgen vom Licht der aufgehenden Sonne. Das neugeborene Kind liegt »in Tücher gehüllt« in der Krippe; der tote Jesus liegt in Leinentücher gewickelt im Grab. In beiden Fällen erscheinen Engel, die mit ihrer Botschaft großen Schrecken verursachen. Hier sind die Hirten (Männer) auf der Suche, dort die Frauen. Beide gehören zu den niedrigen Gesellschaftsschichten. Draußen vor der Stadt, im Abseits, wird Jesus geboren. Draußen vor der Stadt stirbt er. Er hat keine eigene Geburtsstätte und keine eigene Grabstätte. Die Hirten und die Frauen werden angewiesen, wo dieser Gott zu finden ist: in ihrem Alltag und in ihrer Umgebung, wo Leben ist und Leben miteinander geteilt wird, wo Leben geschenkt und verschenkt wird.

Einsatzmöglichkeiten

Der Vorschlag ist als Gottesdienst für den Heiligen Abend geplant. Die Kirche ist zu Beginn möglichst dunkel. Durch das Licht von Betlehem wird sie dann erhellt.

Materialien

- *»Licht aus Betlehem« (siehe S. 195) in einem kostbaren Glas*
- *für alle Teilnehmenden eine Kerze mit Ständer, die sie am Eingang erhalten*

Einzug

Zur Flötenmusik wird das »Licht aus Betlehem« in die dunkle Kirche hineingetragen. In der Mitte und vorne werden ähnlich wie bei der Auferstehungsfeier von den Ministranten/-innen die Kerzen der Teilnehmenden angezündet.

Begrüßung im Dunkeln

Ich begrüße Sie alle recht herzlich zur Feier der Christnacht – alle, ohne Ausnahme:

- ob Sie regelmäßig unsere Gottesdienste mitfeiern oder nur sporadische Besucher sind;
- ob Sie Menschen sind, die manche Zweifel haben und nicht glauben können, aber tief in Ihrem Herzen Sehnsucht haben nach Licht, Wärme und Geborgenheit;
- ob Sie auf Besuch bei Ihren Lieben sind;
- oder aus welchen Gründen Sie auch sonst hier sein mögen.

Sie sind alle herzlich willkommen!
Denn uns allen geht heute in dieser Nacht ein Licht auf, dieses Licht aus Betlehem. Dieses Kerzenlicht kam von der Geburtsgrotte in Betlehem hierher nach *(Ort, Stadt)*. Die Situation dort ist deprimierend. Das Licht der Hoffnung droht in der Geburtsstadt Jesu zu erlöschen. Auch in anderen Ländern der Erde geht es oft eiskalt und brutal zu. Und selbst in unserem Land, in unserer Stadt und in unserer Gemeinde scheint es manchmal ausgelöscht zu werden.
In Jesus Christus aber ist uns der Mensch geboren, der nicht nur Liebe predigt, sondern sie lebt, der nicht nur vom Frieden redet, sondern für uns alle zum Licht der Welt geworden ist – unser Erlöser und Heiland. Deshalb wollen wir jetzt beten:

Gebet

Jesus Christus, menschgewordener Gott: Kein anderes Zeichen wird uns in dieser Nacht geschenkt, kein anderes Licht in unserer Dunkelheit als du in der Gestalt des Kindes von Betlehem. Wir kommen trotz aller innerer Zerrissenheit zu dir, mit all unserem Glauben und unserem Unglauben, mit unserer Sehnsucht nach Geborgenheit und Frieden. Lass dein Wort Mensch werden auch in uns! Schenke uns deine Liebe, und lass uns einen neuen Anfang wagen, dass wir das Leben miteinander verschenken, so wie du es getan hast heute und für immer und in alle Ewigkeit. Amen.

Lesung

»Das Volk, das im Dunkel lebt, sieht ein helles Licht; über denen, die im Land der Finsternis wohnen, strahlt ein Licht auf. Du erregst lauten Jubel und schenkst große Freude. Man freut sich in deiner Nähe, wie man sich freut bei der Ernte, wie man jubelt, wenn Beute verteilt wird. Denn wie am Tag von Midian zerbrichst du das drückende Joch, das Tragholz auf unserer Schulter und den Stock des Treibers. Denn uns ist ein Kind geboren, ein Sohn ist uns geschenkt. Die Herrschaft liegt auf seiner Schulter; man nennt ihn: Wunderbarer Ratgeber, Starker Gott, Vater in Ewigkeit, Fürst des Friedens. Seine Herrschaft ist groß und der Friede hat kein Ende. Auf dem Thron Davids herrscht er über sein Reich; er festigt und stützt es durch Recht und Gerechtigkeit, jetzt und für alle Zeiten. Der leidenschaftliche Eifer des Herrn der Heere wird das vollbringen.«

(Jesaja 9,1–3.5–6)

Zwischenspiel

Zunächst Flöten, dann brausendes Orgelspiel.

Weihnachtsevangelium

Mit Weihrauch und Kerzen.

»In jenen Tagen erließ Kaiser Augustus den Befehl, alle Bewohner des Reiches in Steuerlisten einzutragen. Dies geschah zum ersten Mal; damals war Quirinius Statthalter von Syrien. Da ging jeder in seine Stadt, um sich eintragen zu lassen. So zog auch Josef von der Stadt Nazaret in Galiläa hinauf nach Judäa in die Stadt Davids, die Betlehem heißt; denn er war aus dem Haus und Geschlecht Davids. Er wollte sich eintragen lassen mit Maria, seiner Verlobten, die ein Kind erwartete. Als sie dort waren, kam für Maria die Zeit ihrer Niederkunft, und sie gebar ihren Sohn, den Erstgeborenen. Sie wickelte ihn in Windeln und legte ihn in eine Krippe, weil in der Herberge kein Platz für sie war. In jener Gegend lagerten Hirten auf freiem Feld und hielten Nachtwache bei ihrer Herde. Da trat der Engel des Herrn zu ihnen und der Glanz des Herrn umstrahlte sie. Sie fürchteten sich sehr, der Engel aber sagte zu ihnen: Fürchtet euch nicht, denn ich verkünde euch eine große Freude, die dem ganzen Volk zuteil werden soll: Heute ist euch in der Stadt Davids der Retter geboren; er ist der Messias, der Herr. Und das soll euch als Zeichen dienen: Ihr werdet ein Kind finden, das, in Windeln gewickelt, in einer Krippe liegt. Und plötzlich war bei dem Engel ein großes himmlisches Heer, das Gott lobte und sprach: Verherrlicht ist Gott in der Höhe und auf Erden ist Friede bei den Menschen seiner Gnade.«

(Lukas 2,1–14)

Gloria

Das Gloria wird bewusst erst nach der Verkündigung der Botschaft feierlich angestimmt, dazu Glocken, brausendes Orgelspiel mit Bläsern und Gemeinde.

Nun freut euch, ihr Christen (GL 143)

Predigt

Schwestern und Brüder im Glauben! So darf ich Sie alle heute Nacht ansprechen, denn Jesus selbst ist unser aller Bruder geworden.
Kurz vor Weihnachten bekam ich eine Geburtsanzeige: »Wir haben den Mut zu einem Kind gefunden und freuen uns darüber.« Bei dieser Geburtsanzeige ging mir durch den Kopf, ob das tiefste Geheimnis von heute Abend vielleicht genau das ist: Gott hat Mut zu einem Kind. Er selbst wird ein Kind, ein menschliches Kind. Und die Weihnachtsbotschaft lautet: Gott setzt als Kind auf den Menschen. Angesichts dessen, wie es mit den Menschen in dieser Welt aussieht, ist das wirklich mutig. Wenn uns gerade auch in diesen Tagen das Fernsehen so viele Bilder misshandelter, verhungerter und verstümmelter Kinder zeigt, macht das umso erschreckender deutlich, zu welchen grausamen Verbrechen der Mensch fähig ist. Und doch wird Gott ein Kind, liefert sich den Menschen aus. Bewusst, ganz bewusst tut er es. Heute Abend wird zwar von einer fast idyllischen, heilen Welt und von Engelchören geschwärmt, aber bald, bereits nach wenigen Tagen, wird von Willkürakten, vom irrsinnigen Kindermord durch Herodes gesprochen werden. Und schon bald muss dieses Kind mit seinen Eltern fliehen in ein fremdes Land. Und doch wird heute Abend verkündet: Fürchtet euch nicht! Ihr werdet ein Kind finden, in Windeln gewickelt. Das soll euch ein Zeichen sein. Gott hat den Mut, sich uns als Kind zu schenken, und er hofft, dass wir ihm wie einem kleinen Kind begegnen mit

Wohlwollen und Zuneigung. Ein kleines Kind mobilisiert in uns meist eine tiefe, herzliche Menschlichkeit, die darin besteht, dass wir uns zu ihm herunterbeugen, ihm zulächeln, uns auf dieses Kind einlassen und ihm geben, was es braucht. Das gelingt uns meist nur bei kleinen Kindern. Warum eigentlich? Weil wir Erwachsene in den anderen Erwachsenen eine Bedrohung erleben und sehen? Der andere könnte uns benutzen, ausnützen, er könnte uns in unserer Freiheit einengen? Er könnte von uns etwas brauchen, was wir zu geben nicht bereit sind? Und selbst von den Ärmsten der Armen fühlen wir uns bedroht, weil sie an unser Gewissen appellieren, mit ihnen zu teilen, weil sie unseren Wohlstand hinterfragen und uns anscheinend den Reichtum nicht gönnen. Ein Kind tut das nicht. Es kommt uns entgegen, schaut, staunt, lächelt. Ein kleines Kind bedroht uns nicht. Ob wir uns deshalb ihm gegenüber vielleicht so menschlich verhalten? Ob wir ihm gegenüber keine Angst haben, unsere Gefühle zu zeigen? Wird Gott deshalb ein Kind, ein wehrloses, kleines Kind? Er lächelt uns zu wie nur ein Kind lächeln kann. Er kommt uns entgegen und zeigt uns ohne Vorbehalt und ohne Hintergedanken, dass er auf uns angewiesen ist. Heute in der Geburt dieses Menschen Jesus heißt die Botschaft Gottes an uns: Das soll euch ein Zeichen sein, ein kleines Kind, das euch braucht, ein Kind, das angewiesen ist auf euer Wohlwollen, eure Liebe, eure Zuwendung. Warum tut Gott das? Weil er uns liebt wie ein Kind, absichtslos, ohne Vorbehalt. Er traut uns zu, dass wir seiner Liebe antworten, dass wir uns auf ihn einlassen. Diesen Mut hat er.
Werden wir Gott unter diesen Zeichen kennen? Wie groß muss dieser Gott sein, dass er sich so klein machen kann, ohne Angst zu haben, dass wir ihn ausnützen! Die Weihnachtsbotschaft sagt uns: Gott ist ein Mensch geworden wie wir, weil er auf uns Menschen setzt, auf unsere Menschlichkeit, die nicht nur kleinen Kindern vorbehalten sein soll, sondern allen Menschen in aller Welt zuteil werden soll: bei allem, was der Mensch leistet und verdient, bei allem, wo er versagt und strauchelt – nur das kann ihn retten und von manchem Wahn erlösen, dass ihm gratis, umsonst Gottes zuvorkommende Liebe geschenkt wird. Deshalb ist Gott Kind, Mensch geworden.

Credo

Gelobet seist du, Jesu Christ (GL 130)

Liedruf zwischen den Fürbitten

Licht, das uns erschien, 1. Teil (GL 129)

Fürbitten

Menschenfreundlicher Gott! In der Gestalt eines Kindes bist du uns Menschen ganz nahe gekommen, um uns zu zeigen, was wahre Menschlichkeit bewirkt. Wir bitten dich:

- Schenke uns allen etwas von dem sprachlosen Staunen der Kinder über deine unfassbare Liebe zu uns.
- Gib durch uns den Schwachen, den Armen und Ausgestoßenen die Zuversicht, dass sie nicht ausgeschlossen sind aus unserer Gesellschaft, sondern respektiert und angenommen sind.
- Entlarve die vielfältigen Masken der Lüge, hinter denen sich Große und Mächtige dieser Erde verstecken, mit denen Menschen einander bedrohen und einander verführen.
- Bewahre die Menschen aller Völker mit ihren verschiedenen Sprachen, Kulturen und Religionen, mit ihren Stärken und Schwächen in Respekt, in wahrer Menschlichkeit und in der Ehrfurcht voreinander.
- Lass die Menschen, die heute Nacht arbeiten müssen, lass alle Einsamen und Verlassenen spüren, dass du auch für sie Mensch geworden bist, an sie denkst und sie liebst.
- Schenke allen Menschen, die körperlich oder seelisch krank sind, deine Zuneigung, und gib uns ihnen gegenüber Einfühlungsvermögen, Zeit und Verständnis.

Menschgewordener Gott. Als Kind kamst du in unsere Welt, um das Antlitz dieser Erde menschlicher werden zu lassen. Lass auch uns selber menschlicher werden, damit wir immer mehr dir ähnlich werden, der du lebst und liebst in Ewigkeit. Amen.

Gabenbereitung

Ich steh an deiner Krippe hier (GL 141)

Währenddessen bringen die Gemeindemitglieder ihre Kerzen in Ständern vor die Krippe.

Sanctus

Jauchzet, ihr Himmel (GL 144)

Friedensgruß

Wer könnte zum Fremden »Bruder« sagen
und »Schwester« zur Weinenden.
»Mit dir will ich teilen« zum Bettler,
»Ich bin bei dir« zum Einsamen
und »Friede mit dir« zum Feind.
Ein Kind kommt zur Welt
und Engel jubeln ihm zu.
Denn Ehre sei Gott in der Höhe
und Friede den Menschen – sie werden Kinder Gottes.
So öffnet eure Herzen und reicht euch die Hand,
denn Gott ist euer Vater und Jesus euer Bruder
und ihr seid Schwestern und Brüder.
Der Friede sei mit euch!

Zur Kommunion

Hirtenmusik

Meditation nach der Kommunion

Gott, rüttle mich wach,
wie die Hirten bei den Schafen,
die der Aufforderung des Engels folgen
und die Erfüllung ihrer Sehnsucht finden in dir.

Gott, klopfe an die Tür meines Herzens,
damit ich dir öffne und dir Einlass gewähre
in der Schwester und im Bruder neben mir.

Gott, öffne mein Ohr,
dass ich die Engel vernehme,
die dich verkünden im Gloria,
in das ich voll Freude einstimmen möchte zu dir.

Gott, werde geboren in mir wie in Maria,
damit ich dich trage zu den Verlassenen und Einsamen,
die draußen im Abseits der Welt dich suchen
und finden die Schwester, den Bruder in mir.

Danklied

O du fröhliche (Tr 485)

Gebet

Gott, du Gott der Liebe. Dein Wort ist keine leere Floskel, sondern ist Fleisch, Mensch, Kind geworden. Wir danken dir, dass du in dieser Nacht uns deutlich gemacht hast, wie sehr du uns liebst. Lass uns wieder Kinder werden, Menschen nach deinem Bild und Gleichnis, dir ähnlich, der du lebst und liebst in aller Zeit und in Ewigkeit. Amen.

Segen

Es segne euch der Herr in dieser Nacht,
der als ein Kind zu uns kam in das Dunkel.

Er nehme zärtlich eure Hände,
und fülle sie mit seiner großen Liebe,
dass ihr nicht bange seid und voller Angst,
seine Menschenfreundlichkeit an andere zu verschenken.

Er schenke euch zu wagen voller Mut,
die Botschaft allen Menschen zu verkünden,
damit zu seiner Namen Ehr und aller Menschen Fried
euer Leben von ihm gesegnet sei.

Das schenke euch in dieser Nacht
Gott Vater, Sohn und Heilger Geist.

So gehet hin, ihr seid gesendet,
geht hin und bringt den Menschen seinen Frieden.

Lied

Stille Nacht (GL 145)

Johannes Steinbach

Gottesdienst am Fest der Heiligen Familie

Was heißt da schon heilig?

Vorüberlegungen

Die »Heilige Familie« als Vorbild – wie ist das gemeint? Lief nicht auch in dieser Familie so manches schief, wenn man das Evangelium genau liest?
In dem Gottesdienst wird thematisiert, dass Heilige selten Menschen sind, bei denen alles glatt ging. Heilige sind sie, weil sie zu ihren Schwierigkeiten, Problemen und Fragen stehen konnten. Insofern kann die »Heilige Familie« auch heute noch ein Vorbild für uns sein.

Einsatzmöglichkeiten

Der Gottesdienst wird am zweiten Weihnachtsfeiertag gefeiert. Im Pfarrbrief kann angekündigt werden, dass die Familien im Anschluss an den Gottesdienst gesegnet werden.

Materialien

- *Kopien für alle Teilnehmenden: »Wie sich die Zeiten ändern! Wird man so heilig?«*

Lied

Komm, sag es allen weiter (Tr 441)

Begrüßung

Im Namen des Vaters …
»Sein Haus hat offne Türen …«, so haben wir gesungen. Jeder hat hier Platz. Kinder, Jugendliche, Eltern, Großeltern, Verheiratete und Unverheiratete, Alt und Jung. Wie eine Familie unter einem Dach, so dürfen wir uns fühlen.
Heute am Fest der Heiligen Familie sind wir in seinem Haus zusammengekommen. Auch wenn es vielleicht in der vergangenen Woche Streit gegeben hat, wenn einer zu kurz gekommen ist, wenn einer versagt hat, ein falsches Wort gesagt hat: Wir dürfen so sein, wie wir sind, wir alle sind Gott willkommen. Deshalb dürfen wir bitten:

Kyrie

- Jesus, du selbst hattest Eltern und bist in einer Familie aufgewachsen. Du kennst die Schwierigkeiten zwischen den Familienangehörigen. Herr, erbarme dich!
- Jesus, du hast stets das offen herausgesagt, was dir wichtig war, auch wenn der andere es nicht gleich verstehen konnte. Christus, erbarme dich!
- Jesus, du hast verziehen, wenn du um Verzeihung gebeten wurdest. Herr, erbarme dich!

Du, Herr, erbarmst dich unser aller hier. Lass uns Verständnis füreinander finden, Geduld miteinander haben und Frieden miteinander schließen. Lass uns wie eine Familie mit dir leben, so bitten wir dich jetzt in dieser Stunde und in Ewigkeit. Amen.

Gloria

Singt dem Herrn (Tr 153)

Gebet

Herr, unser Gott, in der Heiligen Familie hast du uns ein leuchtendes Vorbild geschenkt. Gib unseren Familien die Gnade, dass auch sie in Frömmigkeit und Eintracht leben und einander in Liebe verbunden bleiben. Führe uns alle zur ewigen Gemeinschaft in deinem Vaterhaus. Darum bitten wir durch Jesus Christus, unseren Bruder und Herrn. Amen.

Lesung

»Denn der Herr hat den Kindern befohlen, ihren Vater zu ehren, und die Söhne verpflichtet, das Recht ihrer Mutter zu achten. Wer den Vater ehrt, erlangt Verzeihung der Sünden, und wer seine Mutter achtet, gleicht einem Menschen, der Schätze sammelt. Wer den Vater ehrt, wird Freude haben an den eigenen Kindern, und wenn er betet, wird er Erhörung finden. Wer den Vater achtet, wird lange leben, und wer seiner Mutter Ehre erweist, der erweist sie dem Herrn.
Mein Sohn, wenn dein Vater alt ist, nimm dich seiner an und betrübe ihn nicht,

solange er lebt. Wenn sein Verstand abnimmt, sieh es ihm nach und beschäme ihn nicht in deiner Vollkraft! Denn die Liebe zum Vater wird nicht vergessen, sie wird als Sühne für deine Sünden eingetragen.«

(Jesus Sirach 3,2–6.12–14)

Lied

Selig seid ihr (Tr 622)

Evangelium

»Dann kam für sie der Tag der vom Gesetz des Mose vorgeschriebenen Reinigung. Sie brachten das Kind nach Jerusalem hinauf, um es dem Herrn zu weihen, gemäß dem Gesetz des Herrn, in dem es heißt: Jede männliche Erstgeburt soll dem Herrn geweiht sein. Auch wollten sie ihr Opfer darbringen, wie es das Gesetz des Herrn vorschreibt: ein Paar Turteltauben oder zwei junge Tauben.
In Jerusalem lebte damals ein Mann namens Simeon. Er war gerecht und fromm und wartete auf die Rettung Israels und der Heilige Geist ruhte auf ihm. Vom Heiligen Geist war ihm offenbart worden, er werde den Tod nicht schauen, ehe er den Messias des Herrn gesehen habe. Jetzt wurde er vom Geist in den Tempel geführt; und als die Eltern Jesus hereinbrachten, um zu erfüllen, was nach dem Gesetz üblich war, nahm Simeon das Kind in seine Arme und pries Gott mit den Worten: Nun lässt du, Herr, deinen Knecht, wie du gesagt hast, in Frieden scheiden. Denn meine Augen haben das Heil gesehen, das du vor allen Völkern bereitet hast, ein Licht, das die Heiden erleuchtet, und Herrlichkeit für dein Volk Israel.
Sein Vater und seine Mutter staunten über die Worte, die über Jesus gesagt wurden. Und Simeon segnete sie und sagte zu Maria, der Mutter Jesu: Dieser ist dazu bestimmt, dass in Israel viele durch ihn zu Fall kommen und viele aufgerichtet werden, und er wird ein Zeichen sein, dem widersprochen wird. Dadurch sollen die Gedanken vieler Menschen offenbar werden. Dir selbst aber wird ein Schwert durch die Seele dringen.
Damals lebte auch eine Prophetin namens Hanna, eine Tochter Penuëls, aus dem Stamm Ascher. Sie war schon hochbetagt. Als junges Mädchen hatte sie geheiratet und sieben Jahre mit ihrem Mann gelebt; nun war sie eine Witwe von vierundachtzig Jahren. Sie hielt sich ständig im Tempel auf und diente Gott Tag und Nacht mit Fasten und Beten. In diesem Augenblick nun trat sie hinzu, pries Gott und sprach über das Kind zu allen, die auf die Erlösung Jerusalems warteten. Als seine Eltern

alles getan hatten, was das Gesetz des Herrn vorschreibt, kehrten sie nach Galiläa in ihre Stadt Nazaret zurück.
Das Kind wuchs heran und wurde kräftig; Gott erfüllte es mit Weisheit und seine Gnade ruhte auf ihm.«

(Lukas 2,22–40)

Predigt

Liebe Kinder und Jugendliche! Liebe Eltern und Großeltern! Liebe Gemeinde!
Die Heilige Familie als leuchtendes Vorbild – so formuliert es das Tagesgebet am heutigen Familiensonntag. Wie ist das gemeint? Soll damit ausgesagt werden, dass in dieser Familie alles harmonisch, friedlich, idyllisch war? Wer das heutige Evangelium und das Neue Testament genau liest, dem wird bald auffallen, dass auch hier nicht alles eitel Sonnenschein war.
Manches, was man da liest, erinnert an den Alltag vieler Familien heute. Da wird ein junges Mädchen schwanger, und ihr Verlobter will zunächst mit der ganzen Sache nichts zu tun haben. Und da sich beide entschlossen haben, dieses Kind anzunehmen, müssen sie es – weil Volkszählung war – irgendwo draußen auf freiem Feld zur Welt bringen. Schließlich will man das Kind sogar töten, und so müssen sie über die Grenze ins Ausland flüchten.
Zurück in der Heimat, pilgert der 12-jährige Jesus mit seinen Eltern nach Jerusalem, da geht er verloren, und seine Eltern müssen ihn drei Tage lang suchen. Stellen Sie sich vor, Sie würden bei einem großen Fest Ihr Kind verlieren. So wie Sie werden Maria und Josef gewiss auch geschwankt haben: zwischen Zorn und Angst. »Warum hat er nichts gesagt«, und: »Hoffentlich ist ihm nichts passiert.« Und als der junge Mann herangewachsen ist und kein Muttersöhnchen mehr sein will, setzt er sich eindeutig von seiner Mutter ab und sagt ihr ganz schön deutlich auf der Hochzeit zu Kana: »Frau, was willst du von mir: Meine Stunde ist noch nicht gekommen.« Spätestens jedoch, als er seine Mutter und seine Verwandten vor der Tür stehen lässt und sie zurückstößt mit den Worten: »Wer ist meine Mutter, wer ist mein Vater, meine Schwester und mein Bruder?«, spätestens da ist es aus mit der familiären Idylle. Stellen Sie sich als Mutter bitte einmal vor, Ihr Sohn würde das in aller Öffentlichkeit sagen. Aber anscheinend hat ihn Maria, seine Mutter, auch nicht immer verstanden. Sie hat nicht gespürt, was und warum ihm das so wichtig war. Wer hier also dieses Klischee einer bürgerlichen Familie zeichnen will, der leugnet die Aussagen des Neuen Testaments und kehrt die Probleme der Familie unter den Tisch. Wir haben gehört, dass es auch hier genug Schwierigkeiten und

Missverständnisse gab. Aber warum wird uns diese Familie als Vorbild hingestellt? Warum nennen wir sie »Heilige Familie«?
Mir scheint, dass Heilige selten Menschen sind, bei denen alles glatt ging. Heilige sind sie, weil sie gerade alle ihre Schwierigkeiten, Probleme, Fragen, Ängste und Hoffnungen, ihr Scheitern und ihre Erfolge Gott offen zugestanden haben. Sie konnten selbst dazu stehen, haben nichts unter den Teppich gekehrt. Sie haben vielmehr ihr tatsächliches Leben mit allen seinen Brüchen im Licht Gottes gesehen und bewältigt. So ist die Heilige Familie auch heute – und gerade heute – ein Vorbild in dem Sinne, dass nichts tabuisiert wurde, dass manche Verletzung heilen und dass manche Meinungsverschiedenheit und mancher Streit offen und fair ausgetragen wurde, dass manche Entschuldigung gesagt wurde und Friede wieder hergestellt werden musste. Letztendlich aber wusste einer vom anderen, dass er für ihn da ist und ihn nicht im Stich lässt, weil alle Gott zum Vater haben.
Heißt das heute für uns nicht auch, dass wir trotz Schwierigkeiten zwischen den Ehepartnern, zwischen den Generationen und zwischen Kindern und Eltern zu diesem Gott der Liebe und des Friedens kommen können, zu diesem Gott des Heiles? Wo aber etwas geheilt wird, da muss vorher konsequenterweise Unheiles gewesen sein.
Es ist gut, dass gerade zur Weihnachtszeit dieses Fest der Heiligen Familie in unserer Kirche gefeiert wird. Gerade am Fest der Liebe wird häufig gestritten, gezankt und verletzt. Gerade zur Weihnachtszeit überfordern wir uns mit höchsten Erwartungen an den anderen. Gerade am Fest des Friedens und der Menschlichkeit geraten wir uns in die Wolle. Wir müssen es nicht, denn Gott selbst überfordert uns nicht. Er sieht bei jedem von uns die guten und die weniger guten Seiten. Er kennt unsere tiefe Sehnsucht nach Harmonie und Geborgenheit. Er weiß aber auch um unsere egoistischen Neigungen und Ängste.
Heute dürfen wir ihm danken, dass wir in einer Familie aufgewachsen sind, in der es manchmal verrückt zuging oder zugeht, aber gesund gestritten und gekämpft wurde und dass wir als Geschwister doch fest zusammenhalten. Und wir können uns heute gegenseitig danken, dass der andere für einen da ist und trotz Streit und Zank zu einem steht. »Heilige« Familie sind und waren wir nicht. Aber was versteht man schon unter »heilig«? Vielleicht etwas ganz anderes, als wir bisher annahmen …

Fürbitten

Gott, du hast deinen Sohn in einer Familie aufwachsen lassen. Du weißt, worum es geht. Deshalb kommen wir zu dir:

Mutter:
Wir bitten dich für unsere Kinder, die sich so langsam lösen von zu Hause. Sei du ihnen Orientierung auf ihren eigenen Lebenswegen.

Vater:
Wir bitten dich für die Familien, in denen einer dem anderen nichts mehr zu sagen hat. Schenke ihnen die Kraft, den ersten Schritt auf den anderen hin zu wagen und das erste Wort zu sagen.

Sohn:
Wir bitten dich für unsere Geschwister, Freundinnen und Freunde, dass wir uns weiterhin gut verstehen und aufeinander verlassen können.

Tochter:
Wir bitten dich für uns selbst, dass wir einen zufriedenstellenden Arbeitsplatz finden und voll Zuversicht in die Zukunft blicken können.

Oma:
Wir bitten dich für unsere Kinder und Enkelkinder, dass sie auch in Zukunft aus der Kraft des Glaubens zu leben vermögen.

Opa:
Wir bitten dich für unsere Kinder, unsere Schwiegertöchter und Schwiegersöhne. Schenke uns weiterhin den Zusammenhalt in der Familie.

Gott, du bist wie ein treu sorgender Vater, wie eine liebende Mutter. Zu dir können wir stets kommen in Freude und in Leid. Bleibe bei uns und bei unseren Familien. So bitten wir dich durch Christus unsern Herrn. Amen.

Gabenbereitung

Nimm, o Herr, die Gaben (Tr 190)

Währenddessen bringen Kinder, Eltern und Großeltern die Gaben von Brot und Wein zum Altar.

Sanctus

Heilig bist du, Herr (Tr 225)

Vaterunser

Gott ist wirklich wie ein treu sorgender Vater, wie eine zärtliche Mutter. Und wir, seine Kinder, sind Schwestern und Brüder. Jesus, unser Bruder und Herr, hat uns gesagt, dass wir zu Gott Vater sagen dürfen. In seinem Geist wagen wir zu sprechen: Vater unser …

Friedensgruß

S 1:
Wir loben die kleinen Schritte.
Den Mann, der das voreilige Wort nicht ausspricht.
Die Stimme, die sagt: Pardon, ich bin schuld.
Die über den Zaun des lästigen Nachbarn gestreckte Hand.

S 2:
Wir loben die kleinen Schritte.
Die Faust in der Tasche.
Die nicht zugeschlagene Tür.
Das Lächeln, das den Zorn wegnimmt.

S 1:
Wir loben die kleinen Schritte.
Das Gespräch der Regierungen.
Das Schweigen der Waffen.
Die Zugeständnisse in den Verträgen.

S 2:
Wir loben die kleinen Schritte.
Die Stunde am Bett des Kranken.
Die Stunde der Reue.
Die Minute, die dem Gegner recht gibt.

S 1:
Wir loben die kleinen Schritte.
Den kritischen Blick in den Spiegel.
Die Hoffnung für den anderen.
Den Seufzer über uns selbst.

Rudolf Otto Wiemer
Aus: Ders., Lob der kleinen Schritte

Gott ist uns einen großen Schritt entgegengekommen. Er schenke uns seinen Frieden: Der Friede des Herrn sei allezeit mit euch!

Lied

Wenn das Brot, das wir teilen (Tr 193)

Meditation nach der Kommunion

Von einem Vater und einer Mutter gesprochen.

Kinder will ich achten wie mich selbst.
Nichts will ich ihnen vorenthalten, was mir wichtig ist.
Alles will ich mit ihnen teilen, was ich habe und kann.
Nichts will ich sie lehren, was ich nicht selbst lernen möchte.
Alles will ich ihnen schenken, was unser Leben erfüllt.

Nichts will ich ihnen verschweigen, was gesagt werden kann.
Alles will ich von ihnen erfahren, auch das Falsche und Schwere.
Nichts will ich nicht sehen, weil sie mir gleichgültig wären.
Alles will ich mit ihnen besprechen,
auch das Unwahre und Schlechte.

Nichts will ich ihnen ersparen,
auch nicht Angst, Trauer und Schmerz.
Alles will ich in ihnen wecken, auch Fantasie,
Neugier und Freude.

Nichts will ich von ihnen zurückweisen,
vor allem nicht Vertrauen, Zärtlichkeit und Liebe.
Alles will ich von ihnen annehmen, auch ihre Freunde,
aber alles mit Ehrlichkeit.

Nichts will ich ihnen vorspielen, was nicht Spiel,
sondern Lüge ist.
Alles will ich ihnen zeigen, auch die Arbeit,
die Pflicht und die Verantwortung.
Nichts will ich an der Welt verändern,
was ihre Zukunft gefährden könnte.
Alles will ich tun, um ihnen die Welt
als kostbares Gut zu überlassen.

Immanuel Jacobs
Aus: Ders., Land der Hoffnung

Danksagung

Vergiss nicht zu danken (Tr 316)

Gebet

Gott! Danke wollen wir sagen für deinen Sohn, der sich ganz an uns verschenkt hat. Strecke deine Hand über all unsere Familien aus, damit in ihnen Menschen heranwachsen können, die sich gehalten fühlen und mit großem Vertrauen auf dich ihr Leben wagen. Darum bitten wir dich jetzt und in Ewigkeit. Amen.

Segen

Anschließend kommen die Familien in den Altarraum; der Priester geht zu den einzelnen Familien, streckt seine Hände zum Segen aus und spricht dabei:

Gottes reicher Segen komme über euch. Er erhalte euch im Glauben, in der Hoffnung und in der Liebe: der Vater, der Sohn und der Heilige Geist. Amen.

Schlusslied

Uns verpflichtet das Wort (Tr 283)

Entlassgruß

So geht hin! Ihr seid gesendet! Geht hin in Frieden!

Orgelspiel zum Auszug

Johannes Steinbach

Geschichte

Merkwürdiger Besuch an der Krippe

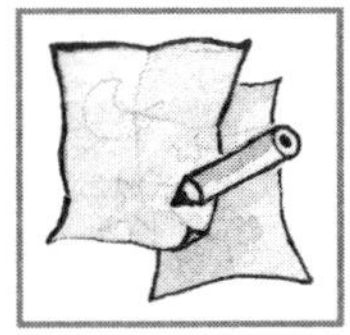

Vorüberlegungen

Die Freude, die Zeit und die Liebe besuchen in dieser Geschichte das Kind in der Krippe. Sie schenken ihm ihr Wesen, damit das Kind diese Gaben an alle Menschen verteilen kann, die sie verloren zu haben glauben.

Einsatzmöglichkeiten

Die Geschichte kann im Rahmen einer weihnachtlichen Predigt verwendet werden. Sie kann ihren Platz aber auch im Pfarrbrief finden.

Kaum hatten die Hirten den Stall in Betlehem verlassen, näherten sich drei merkwürdige Gestalten der Krippe. Einige Bewohner von Betlehem, die das Treiben bemerkt hatten, verfolgten alles neugierig mit ihren Blicken.
Die erste Gestalt trug ein buntes Flickenkleid und war wie ein Clown geschminkt, aber unter der lustigen Maske wirkte sie sehr traurig. Sie beugte sich über die Krippe und strich dem Kind zärtlich übers Haar. Da huschte ein leises Lächeln über ihr Gesicht. »Ich bin die Lebensfreude«, sagte sie »aber die Menschen haben das wirkliche Leben verlernt; sie sind traurig geworden bis ins Herz hinein. Vielleicht, weil sie das Danken verlernt haben; weil sie alles für selbstverständlich halten; aus diesem Vergessen aber wird Gleichgültigkeit geboren; und aus der Gleichgültigkeit wächst irgendwann Verzweiflung.« Sie zog ihr Flickenkleid aus und deckte damit das Kind zu. »Darum ist es kalt geworden in dieser Welt. Möge mein buntes Kleid dich wärmen. Schenk den Menschen wieder die wirkliche Lebensfreude zurück!«
Dann trat die zweite Gestalt hervor. Wer genau hinsah, bemerkte ihren gehetzten Blick und ihre Eile. Erst vor dem Kind in der Krippe entspannten sich die Züge. »Ich bin die Zeit«, sagte die Gestalt und strich dem Kind zärtlich über die Wange, »aber zu viele haben keine Zeit mehr. Sie meinen, die Zeit vergeht wie im Fluge. Doch die Menschen haben das große Geheimnis der Zeit vergessen: Zeit vergeht nicht, sie entsteht – wie ein Blume, wie ein Baum. Zeit trägt den Keim der Ewigkeit in sich; sie wächst überall dort, wo man sie mit anderen teilt.« Dann griff die Gestalt in ihren Mantel und legte ein Stundenglas in die Krippe. »Diese Sanduhr schenke ich

dir. Du wirst nicht allzu viel Zeit haben. Aber teile sie mit anderen und sie wird nie vergessen werden.«

Dann kam die dritte Gestalt näher. Ihr Gesicht war einmal sehr schön gewesen, aber jetzt wirkte es geschunden und verquollen, als ob sie immer und immer wieder geschlagen worden wäre. Als sie sich aber über das Kind beugte, um es zärtlich über das ganze Gesicht zu streicheln, da war es, als heilten die Narben und Striemen, die ihr das Leben zugefügt hatte. »Ich bin die Liebe!« begann sie zu sprechen. »Es ist nicht leicht, an die Liebe zu glauben, wenn ein anderer Mensch 10, 20, 30 Jahre mit dir gegangen ist und sich dann einer anderen Person zuwendet. Es war doch versprochene ewige Liebe, die aus der Treue geboren wird; aber schließlich verkümmert alles zum Rechenexempel. Zurück bleiben Narben, die nicht verheilen wollen.« Drei dicke Tränen tropften auf das Kind. »Ich schenke sie dir!« sagte die Liebe. »Sicherlich liegt Enttäuschung in ihnen, aber auch eine ungeheure Kraft: wie Wasser, das den Stein schleifen kann; wie Regen, der Wüsten wieder zum Blühen bringt.«

Jetzt knieten die Lebensfreude, die Zeit und die Liebe vor dem Kind in der Krippe. Es schaute die drei an, als ob es verstanden hätte.

Plötzlich stand die Liebe auf und drehte sich zu den Menschen, die im Hintergrund warteten. Sie zeigte auf das Kind und sprach: »Dieses Kind wird zu einem leuchtenden Stern, der alles andere in den Schatten stellt. Man wird es zwar zum Narren machen, und alle, die ihm nachfolgen, werden ausgelacht. Aber es wird den Menschen die Lebensfreude zurückgeben, die Freude, die weit über den Tod hinausreicht. – Sie werden es um seine Lebenszeit bringen, aber es wird die Zeit bis zuletzt mit den Menschen teilen. – Und weil es die Liebe bis in den Tod beweist, wird die Welt nie mehr so sein wie früher!«

Dann rief die Liebe den Menschen im Hintergrund noch etwas lauter zu: »Wer sich dem Licht dieses Kindes anvertraut, der braucht keine Finsternis zu fürchten!«

Ulrich Peters

Quellenverzeichnis

S. 10: Grün ist die Hoffnung, Heike Helmchen-Menke. Aus: Dies., Krabbelgottesdienste, S. 30, © Verlag Herder Freiburg im Breisgau 2001

S. 16: Ich kann es kaum erwarten, Christine Willers-Vellguth, Originalbeitrag

S. 21: Am Nikolaustag (Segensfeier zum Nikolaustag), Diana Güntner. Aus: Dies., Segensfeiern mit Kindern, S. 31, © Verlag Herder Freiburg im Breisgau 2005

S. 26: Lied: Lasst uns froh und munter sein, Barbara Cratzius. Aus: Dies. Das große Buch der Weihnachtsspiele, S. 59, Verlag Herder Freiburg im Breisgau 2005, © Barbara Cratzius

S. 28: Die Tür zur Krippe uns offen heut steht (Kurzes Krippenspiel), Barbara Cratzius. Aus: Birgit Willimek (Hg.), Seht den hellen Stern dort stehen, S. 49 Verlag Herder Freiburg im Breisgau 1999, © Barbara Cratzius

S. 33: Der Weihnachtsstern, Claudia Wührl. Aus: Dies., Kommt ihr Hirten von den Feldern, S. 15, © Verlag Herder Freiburg im Breisgau 2004

S. 42: Die Schätze der Drei Könige (Dann holten sie ihre Schätze hervor und brachten ihm Gold, Weihrauch und Myrrhe), Diana Güntner. Aus: Dies., Unser Sonntag, S. 21 © Verlag Herder Freiburg im Breisgau 2004

S. 46: Das kleine Licht im Stall (Das Licht an der Krippe), Rolf Krenzer. Aus: Ders., 100 einfache Texte zum Kirchenjahr, © Verlag Ernst Kaufmann, Lahr/Kösel Verlag München

S. 50: Geschenke sind Wege zueinander, Brigitta Krämer/Carla Renner-Schäfftlein. Aus: Dies., Mit Kindern Weihnachten entgegen, S. 35, © Verlag Herder Freiburg im Breisgau 2004

S. 64: Aufgeblüht zu neuem Leben – Die heilige Barbara, Hans-Joachim Remmert. Aus: Ders., Sein Licht in der Nacht, S. 111, © Verlag Herder Freiburg im Breisgau 2002

S. 72: Zwischen Chaos und Stille (Zeit für Ruhe, Zeit für Stille), Brigitta Krämer/Carla Renner-Schäfftlein. Aus: Dies., Mit Kindern Weihnachten entgegen, S. 77 © Verlag Herder Freiburg im Breisgau 2004

S. 93: Ich spiele dir mein Lied, Heriburg Laarmann. Aus: Dies., Mit Freude das Leben feiern, S. 18, © Verlag Herder Freiburg im Breisgau ^{3}1996

S. 102: Kumpane Gottes, Johannes Steinbach. Aus: Ders., Wo wir Menschen sind, S. 130 © Verlag Herder Freiburg im Breisgau 2005

S. 110: Jakob malt ein Weihnachtsbild, Lene Mayer-Skumanz. Aus: Dies., Jakob und Katharina, © Verlag Herder Freiburg im Breisgau ^{16}2002

S. 114: Advent heißt Türen öffnen, Hans Bauernfeind/Günter Maier. Aus: Dies., Liturgie für junge Leute, S. 12, © Verlag Herder Freiburg im Breisgau 2001

S. 120: Warten, Frank Reintgen. Aus: Ders., Das große Buch der Jugendgottesdienste, S. 12, © Verlag Herder Freiburg im Breisgau 2005

S. 128: Mach's wie Gott – werde Mensch!, Hans Löffler/Matthias Simon. Aus: Dies., Auszeit, S. 93, © Verlag Herder Freiburg im Breisgau 2003

S. 134: Ein Koffer für das neue Jahr, Hans Löffler/Matthias Simon. Aus: Dies., Auszeit, S. 121 © Verlag Herder Freiburg im Breisgau 2003

S. 138: Mitten unter ihnen, Rudolf Weiss. Aus: Christine Sommer/Henk Landmann, Seine Nähe, unser Licht, S. 145, Verlag Herder Freiburg im Breisgau 2004

S. 142: Vom Dunkel zum Licht, Claudia Fichter. Aus: Dies., Sternstunden, S. 13 © Verlag Herder Freiburg im Breisgau 2003

S. 148: Mit dem Himmel schwanger auf Erden, Hans-Joachim Remmert. Aus: Ders., Sein Licht in der Nacht, S. 26, © Verlag Herder Freiburg im Breisgau 2002

S. 156: Wege gehen mit Gott (Wege gehen, weil Gott Großes tut), Esther Kaufmann/Meinulf Blechschmidt. Aus: Dies., Mit Maria auf dem Weg des Glaubens, S. 21 © Verlag Herder Freiburg im Breisgau 2004

S. 161: Mache dich auf und werde licht (Tanz), Waltraud Schneider. Aus: Dies., Lobt ihn mit Tanz, S. 24, © Verlag Herder Freiburg im Breisgau

S. 163: Der Wert der Stille, Christine Sommer/Henk Landmann. Aus: Dies., Seine Nähe, unser Licht, S. 155, © Verlag Herder Freiburg im Breisgau 2004

S. 166: Zur Mitte finden, Christine Willers-Vellguth, Originalbeitrag

S. 168: Die Botschaft vom Licht, Barbara Cratzius. Aus: Dies., Das große Buch der Weihnachtsspiele, S. 34, © Verlag Herder Freiburg im Breisgau 2005

S. 172: Die Schöpfung jubelt (Weihnachtliches Spiel mit Kindern), Maria Hauk-Rakos. Aus: Dies./Erich Schredl, Der große Advent zum neuen Jahrtausend, S. 182 © Verlag Herder Freiburg im Breisgau 1999

S. 181: Ich steh an deiner Krippen hier, Konrad Raischl. Aus: Ders., Mehr als Worte sagt ein Lied, S. 28, © Verlag Herder Freiburg im Breisgau 2004

S. 184: Der Weihnachtsnarr, Max Bolliger, © Max Bolliger, Weesen, Schweiz

S. 188: Adventskalender besonderer Art, Dieter Klement. Aus: Andrea Schwarz/Angelo Stipinovich, Den Stern vor Augen, S. 61, © Verlag Herder Freiburg im Breisgau 2000

S. 190: Herbergssuche im Advent, Erich Schredl. Aus: Ders., Als die Liebe Hand und Fuß bekam, S. 42, © Verlag Herder Freiburg im Breisgau 1997

S. 195: Friedenslicht aus Betlehem, Erich Schredl. Aus: Maria Hauk-Rakos/Ders., Der große Advent zum neuen Jahrtausend, S. 174, © Verlag Herder Freiburg im Breisgau 1999

S. 202: Und immer wieder wie verzaubert: ein Kind, Johannes Steinbach. Aus: Ders., Wo wir Menschen sind, S. 81, © Verlag Herder Freiburg im Breisgau 2005

S. 211: Was heißt da schon heilig?, Johannes Steinbach. Aus: Ders., Wo wir Menschen sind, S. 106, © Verlag Herder Freiburg im Breisgau 2005

S. 221: Geschichte: Merkwürdige Gäste an der Krippe, Ulrich Peters, © Ulrich Peters